Ich lerne Fußball

Das Buch hat mir geschenkt: _____

Hier kannst du
ein Foto von dir
einkleben.

Ich heiße: _____

Mein Geburtstag: _____

Ich wohne: _____

Ich lerne Fußball

Barth/Zempel

Sportwissenschaftliche Beratung:
Prof. Dr. paed. habil. Berndt Barth

Meyer & Meyer Verlag

Die Autoren bedanken sich bei Erich Rutemöller,
dem DFB-Trainer und DFB-Chefausbilder, für die fachkundige Beratung.

Die Deutsche Bibliothek – CIP Einheitsaufnahme

Barth, Katrin.:
Ich lerne Fußball / Katrin Barth; Ullrich Zempel.
– Aachen : Meyer und Meyer, 2003
(Ich lerne, ich trainiere ...)
ISBN 3-89124-948-9

© 2003 by Meyer & Meyer Verlag, Aachen
Adelaide, Auckland, Budapest, Graz, Johannesburg, Miami,
Olten (CH), Oxford, Singapore, Toronto
Member of the World
Sportpublishers' Association (WSPA)
Druck: Vimperk AG
ISBN 3-89124-948-9
E-Mail: verlag@m-m-sports.com
www.m-m-sports.com

...........................DER INHALT

Anmerkung:
Die Übungen und praktischen Hinweise in diesem Buch sind von den
Autoren sorgfältig ausgesucht und überprüft worden. Für Unfälle oder
Schäden jeglicher Art, die im Zusammenhang mit dem Inhalt des Wer-
kes stehen, können die Autoren jedoch keinerlei Haftung übernehmen.

Hallo, kleiner Kicker!

Ich bin Willi, die Fußballzaubermaus.
Toll, dass du auch so gerne Fußball spielst wie ich
und noch mehr dazulernen willst.
Ich werde dich durch dieses Buch begleiten.

Wir haben bestimmt viel Spaß zusammen.

Besonders häufig wirst du diese Bilder von mir finden:

Wenn du dieses Bild siehst, dann habe ich einen guten Tipp für dich.

Neben diesem Bild stehen Übungen, die du daheim ausführen kannst. Manches lässt sich prima alleine üben. Oft eignen sich auch Eltern, Großeltern, Geschwister oder Freunde als Übungspartner.

Ganz schön knifflig! Beim Fragezeichen kannst du Fragen beantworten oder Rätsel lösen. Die Antworten stehen dann am Ende des Buches auf der Auflösungsseite.

Hier gibt es etwas zum Eintragen und Ausfüllen. Bist du nicht ganz sicher oder willst du deine Eintragungen auf dem neuesten Stand halten, dann verwende einen Bleistift.

·············1 LIEBER FUßBALLANFÄNGER

Du bist wohl auch einer von den Menschen, die an keinem rollenden Ball, keiner herumliegenden Coladose oder Papierkugel vorbeikommen, ohne dagegen zu kicken! Da kribbelt irgendetwas im Fuß und man möchte losspielen. Kommt dann noch ein Zweiter hinzu, wird plötzlich um den Gegenstand gekämpft. Um das Ding zu erobern, wird geackert, gedribbelt und sich freigespielt – wie auf dem Fußballplatz! Und erspäht dann noch einer der Spieler etwas Torähnliches, dann versucht er hineinzutreffen. Unbändig ist die Freude, wenn der Torschuss gelingt. Hast auch du so die Liebe zum Fußballspiel entdeckt?

Vielleicht waren es auch die regelmäßigen Fernsehübertragungen der Bundesliga oder sogar eine tolle Fußballweltmeisterschaft, die dich auf die Idee brachten, das Fußballspielen selbst zu erlernen. Auf jeden Fall hast du dich für die beliebteste Sportart der Welt entschieden.

Viele Jungen und Mädchen lernen das Fußballspielen im Verein. Sie trainieren regelmäßig, gehören Mannschaften an und bestreiten Wettkämpfe und Turniere. Aber du musst nicht unbedingt Mitglied in einem Verein sein, um Fußball zu spielen. Ein Ball, ein freier Platz und dazu noch einige Freunde – schon kann es losgehen.

Mit wem spielst du am liebsten Fußball?
Schreibe die Namen auf oder sammle Unter-
schriften.

Was ist das Tollste am Fußballspielen? Ja, sicher, das Toreschießen! Hinein muss der Ball, sonst gibt es keinen Sieg! Dazu musst du zielsicher schießen, dribbeln, köpfen, den Ball annehmen und abspielen können.

Je besser du das alles kannst, desto erfolgreicher wirst du und deine Mannschaft sein.

Hier stehen einige Gründe, warum Kinder gern Fußball spielen.
Was trifft für dich zu? Kreuze „Ja" oder „Nein" an!

	Ja	Nein
Herumtollen und Sport machen mir Spaß.	☐	☐
Ich bin gern mit anderen Kindern zusammen.	☐	☐
Ich möchte in einer Mannschaft spielen.	☐	☐
Ich kann schnell laufen.	☐	☐
Ich kann schon gut mit dem Ball umgehen.	☐	☐
Ich habe keine Angst vor Zweikämpfen.	☐	☐
Ich möchte Tore schießen und gewinnen.	☐	☐
Meine Freunde können auch Fußball spielen.	☐	☐
Ich möchte mal ein Profifußballer werden.	☐	☐

Sind die meisten Fragen mit „Ja" beantwortet, dann hast du die richtige Sportart gewählt.

In diesem Fußballbuch haben wir dir einiges Wissenswertes zu deiner Lieblingssportart aufgeschrieben. Wir erklären die wichtigsten Techniken, wie du sie üben kannst und welche Fehler du vermeiden solltest. Du erhältst zahlreiche Anregungen zum Üben allein oder mit deinen Freunden. Es gibt auch viele Spielideen zum Nachspielen. Natürlich sind Mama, Papa, die Großeltern, Geschwister und alle, die wie du Spaß daran haben, zum Üben eingeladen.

Vielleicht wirst du einmal ein supererfolgreicher Nationalspieler oder Profikicker in einem berühmten Fußballklub. Aber auch, wenn Fußball für dich eine Freizeitbeschäftigung bleibt, wirst du merken, wie viel dir der Fußballsport gibt. Du lernst, gemeinsam mit anderen zu spielen, dich in eine Mannschaft einzufügen und dich durchzusetzen. Du lernst kämpfen und dich selbst überwinden. Nicht immer wirst du der strahlende Sieger sein. Auch mit Niederlagen, verlorenen Zweikämpfen, Fehlpässen oder verschossenen Elfmetern lernst du umzugehen. Und bald merkst du, dass du durch regelmäßiges Fußballspielen ausdauernder, sportlicher und kräftiger wirst und deinen Körper fit und gesund hältst.

Dieses Büchlein soll dein Begleiter beim Fußballlernen sein. Sollten wir mal etwas anders sehen, als es dein Übungsleiter, der Trainer oder ein erfahrener Fußballer dir sagen, kann das schon passieren. Dann frage einfach nach. Es gibt auch im Fußball manchmal unterschiedliche Auffassungen.

Wenn wir Trainer, Übungsleiter, Fußballer, Schiedsrichter, Torwart usw. sagen, sind natürlich auch immer alle Frauen und Mädchen gemeint.

Also, viel Spaß beim Fußball und mit dem Buch!
Die Autoren und Willi.

2 WIE ES ANFING MIT DEM FUßBALLSPIEL

Wie es ganz früher so richtig losging mit dem jetzt derart beliebten Fußballspiel, kann keiner mehr genau sagen. Es ist auf jeden Fall schon dermaßen lange her, dass es noch keine Videofilme, keine Fotos und nicht einmal Bücher gab. Uralte Höhlenzeichnungen zeigen Menschen, die so etwas Ähnliches wie Fußball spielen.

Aber dieses Zucken im Fuß, die Lust, einen Gegenstand mit dem Fuß zu kicken, ihn gegen andere zu verteidigen und dann in irgendein Ziel zu treffen, diese Lust hatten bestimmt auch schon unsere Vorfahren.

Rund ist der Ball

Und wie das bei den Menschen so ist, sie entwickelten immer bessere Bälle. Erst wurde Stroh rund gebunden, Tierhäute ausgestopft, später dann wurden Stoffkugeln genäht. Die ersten Lederbälle waren auch noch nicht ganz perfekt. Das Leder war nicht geschützt und bei einem nassen Platz saugte sich der Ball so voll Wasser, dass er ganz schwer wurde.

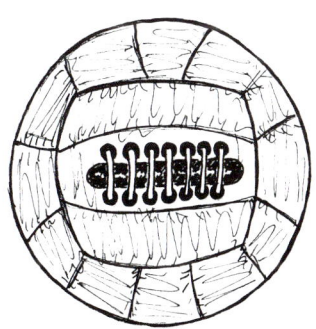

Wusstest du schon...

... dass die Anfänge des Fußballspiels wahscheinlich in China lagen? Das soll schon fast 5.000 Jahre her sein, als die kaiserlichen Soldaten den Ball mit dem Fuß spielten.

... dass es 4.000 Jahre alte Zeichnungen in ägyptischen Höhlengräbern gibt, auf denen Menschen den Ball mit Fuß und Oberschenkel spielen?

... dass vor einigen hndert Jahren Könige das Fußballspiel verboten haben? Weil es noch keine festen Regeln gab, endete das Spiel meistes in einer wilden Rauferei. Das war zu gefährlich.

... dass der erste Fußballverein in England gegründet wurde? Das war der FC Sheffield.

... dass es 1872 das erste Länderspiel gab? Es war England gegen Schottland und endete 0:0.

... dass 1864 der englische Fußballverband festlegte, dass die Hosen der Spieler das Knie bedeckten?

... dass das erste Länderspiel zwischen Deutschland und England 1899 in Berlin stattfand? Es endete mit einer deutschen Niederlage: 2:13!

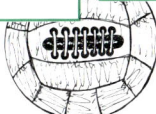

... dass England als das Mutterland des Fußballs bezeichnet wird?

Wie viele alte Lederfußbälle sind auf den beiden Seiten versteckt?
Bevor du anfängst zu zählen, schau vom Buch weg und schätze die Anzahl!

Trage die geschätzte Anzahl hier ein:

Trage die gezählte Anzahl hier ein:

Alles muss geregelt sein

Wenn keiner sagt, wo das Spielfeld anfängt und wo es aufhört, wie groß ein Tor ist, wie viele Spieler zu einer Mannschaft gehören und was erlaubt ist und was nicht, dann gibt es bald ein wildes Durcheinander. Oftmals sind Fußballspiele zu großen Raufereien geworden, weil zu viele Spieler kickten, sie sich durch Prügeleien den Ball erkämpften und kein Schiedsrichter da war, der für Ordnung gesorgt hat. Heute gibt es international festgelegte Fußballregeln für die Spiele.

Du siehst zwei Bilder von Willis Ururgroßvater. Finde 10 Unterschiede!

Fußball ist ein Mannschaftsspiel

Im Fußball wollen sich immer zwei Mannschaften im Spiel gegeneinander messen, Tore schießen und siegen. Es wurden feste Mannschaften gebildet, Vereine gegründet und Meisterschaften ausgetragen.

Fußball in Deutschland

Die Vereinigung aller Fußballer
in Deutschland heißt:

Deutscher Fußball-Bund (DFB)

Die Gründung fand 1900 in Leipzig statt.
Das ist über 100 Jahre her.

Inzwischen ist er weltweit der Verband
mit den meisten Mitgliedern.

Die Bundesliga

Der VfB Leipzig war 1903 der erste Deutsche Meister. 1963 wurde die Bundesliga in Deutschland eingeführt. Der erste Meister der Bundesliga war der 1. FC Köln.

Trage auf der nächsten Seite ein, welche 18 Mannschaften zur Zeit in der 1. Bundesliga spielen. Kreuze an, wer amtierender Meister ist!
Willst du die Liste jedes Jahr auf den neuesten Stand bringen, musst du mit Bleistift schreiben.

Lege dir auch eine Meisterliste an!

Die Bundesliga im Jahre 20 _ _

Die Meister

Jahr	Meister

.... 3 HALLO, ULF KIRSTEN!

Ulf Kirsten
geb. 04. 12. 1965
Profifußballer bei Bayer 04 Leverkusen ·

Hallo Ulf, was findest du so toll am Fußball ?

Fußball, das ist für mich der Kampf zweier Mannschaften um Sieg und
Erfolg vor begeisterten Zuschauer. Es ist Toreschießen und Kräftemessen,
wer ist der Bessere. Fußball ist das Spielen in einer Mannschaft, wo der
Einzelne zwar überragend sein kann, aber ohne die Mannschaft und seine Mitspieler nicht siegen wird.Fußball ist ein Spiel mit klaren Regeln, die
jeder kennt. Im Grunde genommen braucht man nur ein Spielfeld, zwei
Tore und einen Ball. Schon kann es losgehen!

Was muss ein guter Fußballspieler alles können?

Fußball fordert den ganzen Sportler. Er muss schnell sein, technisch geschickt den Ball beherrschen und nicht umgekehrt, dass der Ball mit dir macht, was er will. Der Spieler braucht eine sehr gute Ausdauer, damit er über eine ganze Spielzeit laufen und kämpfen kann. Das Schießen des Balls erfordert Schusskraft in den Beinen, das Köpfen des Balls verlangt Körperbeherrschung und Beweglichkeit. Fußball ist auch ein Zweikampfsport, bei dem ich immer um den Ballbesitz kämpfe. Wenn ich den Ball habe, soll er solange wie möglich in meiner Mannschaft gehalten werden. Deshalb muss ich bei Ballverlust willensstark um den Ball kämpfen, auch wenn es mal wehtut und ich gegen einen starken Gegner spielen muss.

Was ist das Besondere am Fußball?

Fußball ist auch ein taktisches Spiel. Ich muss versuchen, meine Absichten dem Gegner zu verheimlichen. Ich täusche ihn durch geschickte Körperbewegungen oder ich laufe mich so frei, dass er Lücken in seine Abwehr bekommt und ein Mitspieler freie Bahn zum Torschuss hat.

Im Fußball bist du kein Einzelkämpfer, sondern spielst in einer Mannschaft. Wer am besten steht, wird angespielt und schießt das Tor. Das ist der Erfolg für alle, die es vorbereitet haben. Teamgeist nennt man das.

Wann hast du mit dem Fußballspielen begonnen und wie ging es weiter?

Fußball hat mir schon immer gefallen. 1972 habe ich dann als Kind bei Chemie Riesa mit dem Training begonnen. In meiner Jugend war ich bei Stahl Riesa und Dynamo Dresden.

Seit 1990 spiele ich bei Bayer 04 Leverkusen. Bestimmt hast du mich schon bei einem Bundesligaspiel oder früher in der Nationalmannschaft gesehen. Ich habe in 12 Jahren Bundesliga 347 Spiele absolviert, 181 Tore geschossen und war mehrfach Torschützenkönig.

Welchen Tipp hast du für Fußballanfänger?

Zuallererst muss dir das Fußballspielen Spaß machen. Du musst aber wissen, ohne Fleiß, Übung und Disziplin kann man nicht erfolgreich sein. Wenn du Gefallen am Fußball gefunden hast, solltest du dich in einem Verein anmelden. Bald wirst du in einer Mannschaft spielen und gute Freunde finden. Sei zuverlässig und komme pünktlich zum Training und zu den Spielen. Um deine Technik und Ausdauer zu verbessern, gehe regelmäßig zum Training und übe viel zu Hause. Neben dem Üben mit dem Ball darfst du aber nicht die Schule, deine Freunde und die Familie vergessen. Vielleicht hast du noch andere Hobbys, die etwas Zeit brauchen. Fußball ist nicht alles im Leben, besonders, wenn man noch so jung ist wie du.

Für mich ist Fußball mein Beruf und ich kann mir keinen schöneren wünschen. Willst du auch Profi werden? Dann fang schon heute damit an und lerne fleißig Fußball! Das Buch kann dir bestimmt dabei helfen.

Wie bekomme ich ein Autogramm von dir?

Schreibe auf einen Briefumschlag deine Adresse und klebe eine Briefmarke darauf. Stecke diesen Rückumschlag in einen Umschlag und schicke diesen an:

Ulf Kirsten
Postfach 120140

51349 Leverkusen

Fanseiten

Die meisten Kinder kommen zum Fußball, weil sie schon viele tolle Spiele im Fernsehen gesehen haben. Sie sind von den Bundesligaspielern und den Weltstars begeistert und haben sie als großes Vorbild.

Hier kannst du alles zu deinen Vorbildern und Lieblingsmannschaften eintragen, zeichnen und einkleben. Reicht der Platz nicht aus, dann füge noch Seiten hinzu.

Hier ist Platz für Autogramme.

Mein Lieblingsspieler:

Foto

Name: _____

Mannschaft: _____

Position: _____

Besondere Eigenschaften: _____

_____

Was ich ihn gern einmal fragen würde:

_____

_____

Mein Lieblingsverein in Deutschland:

_____

Vereinsfarben: _____

| Logo |

Die besten Spieler: _____

_____

Die größten Erfolge: _____

_____

Mein Lieblingsverein international:

_____

Vereinsfarben: _____

| Logo |

Die besten Spieler: _____

_____

Die größten Erfolge: _____

_____

Hier ist noch Platz für Fotos.

·················· 4 OHNE FLEISS KEIN PREIS

Sicher hast du auch schon einmal davon geträumt, wie es ist, der Beste zu sein. Alle bejubeln, bestaunen und bewundern dich. Die erfolgreichsten Fußballvereine wollen dich in ihrer Mannschaft haben. Die Fans bestürmen dich und fragen nach Autogrammen. Als Torschützenkönig und Superstürmer nimmst du dann die Glückwünsche deiner Mannschaftskameraden, deines Trainers, deiner Fans, deiner Freunde und deiner Eltern entgegen ...!

Aber stopp! Nur auf dem Rasen liegen und träumen reicht nicht! Wenn du ein guter Fußballer sein willst, vielleicht sogar besser als die anderen, musst du viel und fleißig üben. Das ist nicht immer einfach und macht auch nicht immer gleich viel Spaß.

Vor dem Erfolg steht der Fleiß!

Ziele

Du musst dir folgende Fragen beantworten:

 Was ist mein Ziel?

 Womit kann ich mein Ziel erreichen?

 Wie kann ich mein Ziel erreichen?

Was ist mein Ziel? Warum übe ich so oft?

Einfach nur mit dem Ball herumkicken, macht Spaß. Aber bald wünschst du dir, schneller im Spurt, geschickter am Ball und torsicherer zu werden. Die Freunde sollen dich in ihre Mannschaft wählen, weil du so gut und torgefährlich spielst. Vielleicht willst du auch endlich in einer guten Vereinsmannschaft spielen oder als Stammspieler den Klassenaufstieg schaffen. Wie wäre es, von einem Bundesligatrainer entdeckt zu werden und in einem Spitzenclub als Profifußballer zu spielen? Natürlich bist du dafür jetzt noch zu klein und zu jung. Trotzdem solltest du heute schon höhere Ziele vor Augen haben. Du musst wissen, was du willst. Wenn du kein Ziel hast, macht das Üben bald keinen Spaß mehr. Du steckst dir also immer höhere Ziele. So haben es auch die erfolgreichen Profifußballer gemacht.

 *Schreibe hier deine Ziele auf!*

_____

_____

② Womit kann ich mein Ziel erreichen?

Nun wirst du natürlich fragen, was du tun kannst, um deine Leistungen zu verbessern. Auf jeden Fall viel, viel Fußball spielen. Dazu kommen aber auch notwendige Technik-, Lauf-, Ausdauer- und Kraftübungen, die der Fußballtrainer mit euch durchführt. Bestimmt ist einiges dabei, das dir nicht so viel Spaß macht. Manches erscheint dir langweilig und viel zu anstrengend. Aber du musst immer daran denken, alle diese Übungen helfen dir, dein Ziel zu erreichen.

Wenn du ein Spiel bis zum Abpfiff voll durchhalten willst, brauchst du eine sehr gute Kondition. Dazu dient das Lauftraining. Damit dir der Gegner nicht so leicht den Ball abnimmt, musst du flink und beweglich sein. Dafür macht ihr Gymnastik und Dehnungen. Und nur, wer immer wieder Torschüsse übt, wird auch im Eifer des Spiels ins Tor treffen. Wenn du das alles weißt, bist du auch fleißiger im Training und machst zusätzliche Übungen daheim. Bestimmt siehst du bald die Fortschritte und du merkst, wie du immer besser wirst.

③ Wie kann ich mein Ziel erreichen?

Wie klappt es nun, dass du durch häufiges Üben immer besser wirst? Solange die Übungen leicht und locker ablaufen, machen die Muskeln nur das, was sie sowieso schon können. Erst wenn es etwas anstrengend ist und dir die Bewegung nicht mehr so leicht fällt, werden die Muskeln gestärkt. Du musst dich also mühen und belasten, um einen Fortschritt zu erreichen.

Wenn du einmal längere Zeit nicht beim Fußballtraining warst, wirst du merken, dass du wieder etwas schlechter geworden bist und leichter außer Puste gerätst. Nun gilt es aufholen!

Also, je fleißiger und häufiger du übst, desto besser wirst du.

Wer schießt den Ball ins Tor?

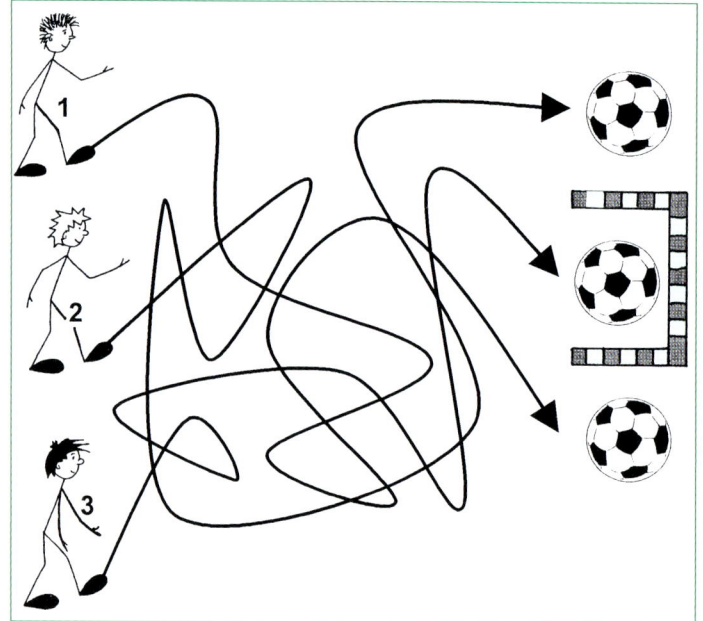

Sechslinge?
Schau genau
hin, nur zwei
der Mäuse
sind genau
gleich!

••••••••••••••••••••••••••5 FIT UND GESUND

Die meisten Menschen, die Sport treiben, wollen dabei Spaß und Erfolg haben. Daneben ist aber ein wichtiges Ziel, seinen Körper fit und gesund zu halten.

Richtiges Essen will gelernt sein

Wer Sport treibt, verbraucht mehr Energien als ein Stubenhocker. Deshalb schmeckt es nach den Übungsstunden am besten, – weil man Hunger und Durst hat und für Energienachschub sorgen muss!

Willi hat richtig Hunger nach dem Training. Am liebsten würde er alles auf einmal essen und trinken.

Was würdest du ihm empfehlen? Streiche durch, was nach deiner Meinung nicht so gesund ist!

Fast alle Kinder essen gerne Schokoriegel, Chips, Pommes und Pizza. Das ist nun nicht gerade die beste Sportlermahlzeit, vor allem, wenn man diese Dinge in zu großen Mengen und zu oft isst. In solchen Nahrungsmitteln ist zu viel Fett enthalten.

Die bessere Mahlzeit für Sportler ist Vollkornbrot mit Käse, Obst und Joghurt. Es gibt eine Menge Nahrungsmittel, die gesund sind und auch schmecken. Versuche, dich abwechslungsreich und maßvoll zu ernähren.

Wer schwitzt, muss regelmäßig trinken

Beim Schwitzen verlierst du viel Flüssigkeit, die du dem Körper durch ausreichendes Trinken wieder zuführen musst. Die besten Durstlöscher sind Mineralwasser, Fruchtsaftmischungen (also Fruchtsaft mit Wasser verdünnt) oder Tee (auch mit Honig gesüßt). Reine Säfte, Limo oder Cola, sind als Flüssigkeitsersatz nicht geeignet. Sie enthalten zu viel Zucker.

Wenn du durstig bist und trinkst, dann achte darauf, dass du nicht zu hastig trinkst.

Besser sind öfter einmal kleine Schlucke. Pass auf, dass du dir nicht den Magen voll pumpst und du dich dann kaum noch bewegen kannst!

Oje, oje, mein Bauch ist so voll! Ich hatte doch nur einen Riesendurst!

Nimm keine Glasflaschen auf den Fußballplatz! Sie gehen schnell kaputt. Ein Fußballspieler könnte sich beim Hinfallen schlimm an den Scherben schneiden.

Hallo, Onkel Doktor

„Hallo, Onkel Doktor!", wirst du zu deinem Arzt sicher fröhlich sagen, weil du dich als Sportler meist rundherum fit fühlst. Aber auch, wenn du nicht krank bist, gehe mindestens einmal im Jahr zum Arzt und lass dich untersuchen. Sage ihm, dass du Fußball spielst. Er wird dich untersuchen und dir sagen, ob du ohne Bedenken trainieren kannst.

Lass deinen Impfpass überprüfen und dir Ernährungstipps geben.

Ein erfolgreicher Tag beginnt mit einem guten Start am Morgen!

Einige Tipps von Willi:

 Gehe rechtzeitig ins Bett und schlafe ausreichend!

 Freue dich auf den neuen Tag.

 Recke und strecke dich nach dem Aufstehen. Wie wäre es mit etwas Morgengymnastik? Übungen findest du auf der nächsten Seite.

 Nach dem Waschen ist eine kalte Dusche ideal. Das erfrischt und härtet ab.

 Zu einem guten und gesunden Frühstück gehören Vollkornbrot, Müsli, Cornflakes, Milch, Joghurt und Obst.

 Nach dem Essen Zähneputzen nicht vergessen!

Auf dieser Seite findest du einige Übungen, die du für deine Morgengymnastik nutzen kannst.

Flach auf den Rücken legen und das Becken hochdrücken.

Ganz hoch strecken, auf die Zehenspitzen gehen, als ob du einen Apfel pflücken willst.

Plötzlich zusammen-fallen und ganz klein machen.

Hüftdrehung nach beiden Seiten.

Nach rechts

Nach links beugen.

.... 6 DIE FUßBALLERAUSRÜSTUNG

Auch ein Fußballanfänger möchte aussehen wie richtiger Fußballer. Was gehört aber dazu? Natürlich das Trikot in den Farben des Lieblingsvereins, mit Rückennummer und Namen. Hinzu kommt die passende Hose und die passenden Strümpfe (Stutzen). Die richtigen Fußballschuhe mit Nocken sind auch wichtig. Die Schienbeinschützer bewahren dich vor blauen Flecken.

Als Torwart braucht man zusätzlich noch die „Jeden-Ball-halten-Handschuhe"!

Alles das sieht prima aus, ist aber für den Anfang noch gar nicht notwendig. Fußballspielen kannst du in jeder Kleidung. Bequem muss sie sein und darf dich beim Laufen nicht behindern. Da es beim Kampf um den Ball auch manchmal zu Stürzen kommt, solltest du nicht gerade die besten Sachen anziehen. Bist du in einem Verein, erhalten die Mannschaften für die Spiele eine einheitliche Mannschaftskleidung.

Die Fußballschuhe

Beim Fußballspielen musst du schnell laufen, dribbeln, stoppen und schießen können. Kannst du das mit deinen Schuhen? Halten das deine Schuhe aus? Dann sind sie erst einmal richtig. Für das Erlernen des Ballgefühls und den geschickten Umgang mit dem Ball eignen sich dünnere Turnschuhe sogar besser als Fußballschuhe.

Spielst du in einem Verein und in einer Mannschaft, solltest du dir bald richtige Fußballschuhe zulegen. Das Besondere daran sind die Nocken unter der Sohle. Damit hast du auf dem Rasen besseren Halt. Auswechselbare Stollen brauchst du erst später. Lass dich in einem Sportgeschäft beraten, denn die Schuhe sollten gut passen und du musst dich darin wohl fühlen.

Schienbeinschützer für die Sicherheit

Wenn du mit vollem Einsatz um den Ball kämpfst,
gibt es schon einige blaue Flecken. Damit aber keine
größeren Verletzungen oder gar Brüche auftreten,
solltest du bald Schienbeinschützer tragen. Für die
Wettkämpfe sind sie nicht nur für die Spieler, sondern
auch für den Torwart vorgeschrieben.

Ist es bald wieder Weihnachten oder Geburtstag?
Sicher kennst du die Fragen der Eltern, Großeltern, Onkel und Tanten
nach deinen Wünschen. Wie wäre es da mit Fußballschuhen, Schienbein-
schützern oder Torwarthandschuhen?

Alles eingepackt?

Stell dir vor, ihr kommt am Spielort an und du merkst in der Umkleideka-
bine, dass du deine Schuhe vergessen hast! Deine toll eingelaufenen
Superflitzerschuhe sind daheim – weit weg! Borgen kann dir auch keiner
seine Schuhe, die würden ja auch nicht richtig passen! Dass du nicht mit-
spielen kannst, ist aber nicht nur ärgerlich für dich, sondern für die
gesamte Mannschaft.

Die Mama kann natürlich beim Taschepacken helfen, aber
jeder Spieler ist selbst für seine vollständige und ordentliche
Spielkleidung verantwortlich!

Verwende eine Checkliste, wie auf der nächsten Seite.

Alles, was in der Tasche ist, wird abgehakt. Verwende einen Bleistift, um die Häkchen immer wieder auszuradieren. Auf die leeren Zeilen schreibst du, was du sonst noch nicht vergessen darfst.

Checkliste

Trikot ☐

Hose ☐

Stutzen ☐

Schienbeinschützer ☐

Schuhe ☐

Duschzeug ☐

_____ ☐

_____ ☐

_____ ☐

_____ ☐

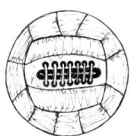

Der Fußball

Vielleicht habt ihr sogar schon mit einer verbeulten Coladose Fußball gespielt. Aber so richtig Spaß macht es doch nur mit einem Ball. Es muss aber nicht immer der teure Lederball sein. Mit einem leichteren Gummiball kannst du am Anfang sogar besser spielen und üben. Wie wäre es mal mit einem Tennisball?

Für den Wettkampf ist die Größe und das Gewicht des Balls festgelegt. Das wird vom Schiedsrichter kontrolliert. Es ist auch wichtig, dass genügend Luft aufgepumpt ist.

Tipp für den Ballkauf:

Bambinis 6 bis 7 Jahre - Größe 3
            8 bis 10 Jahre - Größe 4 (light)
       ab 11/12 Jahre - Größe 5 (light)

Was ist das?

*Welches der Teile
gehört in die Lücke?*

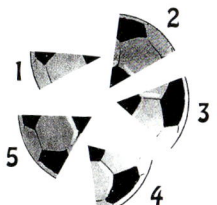

Das Fußballtor

Wer Fußballspielen will, braucht normalerweise zwei Tore, denn der Schuss ins Tor ist das Größte für einen Fußballspieler. Ihr könnt auch erst einmal nur auf ein Tor spielen. Aber ein Tor muss her! Doch woher soll man ein Tor nehmen auf der Wiese, dem Schulhof oder der Spielstraße?

Als Tore eignen sich Parkbänke, zwei Bäume oder Steine.
Legt Gegenstände als Torpfosten hin und schon kann es losgehen!

Wenn ihr euch ein Tor aufbaut, dann achtet darauf, dass der Ball beim Torschuss durch das Tor nicht zu weit wegrollen kann. Eine Mauer, eine Hecke oder ein Wall hinter dem Tor lässt den Ball wieder zurückkommen. Keinem Spieler macht es Spaß, ständig den Ball zu holen.

Im Verein auf einem richtigen Fußballfeld stehen dann Tore mit Netz. Die Größe des Tores ist in den Regeln festgelegt. Für die Kinder und Jugendlichen bis 12 Jahre sind die Tore etwas kleiner.

Das Spielfeld

Fußball kann man überall spielen. In manchen Gemeinden gibt es öffentliche Fußballfelder oder Bolzplätze. Auch der Schulhof, die Spielstraße oder eine Wiese eignen sich. Wenn ihr nicht genau wisst, ob das Fußballspielen erlaubt ist, dann fragt nach!

Bei richtigen Wettkämpfen gibt es auch ein richtiges Spielfeld. Weil aber die jungen Fußballer noch nicht so ausdauernd wie die Großen laufen können, gibt es Extrafelder.

Die Jüngeren spielen auf dem halben Großfeld quer.

Einige Tipps von Willi:

⚽ Achtet darauf, dass ihr niemanden stört!

⚽ Achtet darauf, dass keine Fensterscheiben zu Bruch gehen, Autos oder Blumenbeete Schaden erleiden!

⚽ Achtet auf kleine Kinder oder Spaziergänger!

⚽ Achtet auf neue Hauswände und frisch geweißte Mauern!

⚽ Vorsicht bei befahrenen Straßen!

Hey, was soll das? Das war doch unser Torpfosten!

........................7 DAMIT ALLES SEINE ORDNUNG HAT

Fast alle Dinge im Leben der Menschen sind geregelt. Was würde das für ein Durcheinander geben, wenn jeder tun könnte, was er gerade will. In der Familie gibt es Regeln, an die sich jeder halten muss, im Kindergarten und in der Schule auch. Für den Straßenverkehr gibt es Verkehrsregeln und für jedes Kartenspiel gibt es Spielregeln.

Auch im Sport ist das so. Jede Sportart hat Regeln dafür, wie die Sportart betrieben wird, wie ein Wettkampf abläuft, und wann eine Mannschaft gewinnt und verliert. Es ist auch festgelegt, was erlaubt und verboten ist.

Im Fußball gibt es ein ganzes Buch voller Regeln. Zum Glück ist das so! Weißt du noch, wie es früher war, als es noch keine festen Fußballregeln gab? Oftmals entstand eine wilde Rauferei!

Über alle Fußballregeln wollen wir hier aber nicht schreiben. Das ist viel zu schwierig und für dich im Moment auch noch nicht so wichtig. Beim Spiel mit Freunden legt ihr eure Regeln selbst fest und im Verein erklären die Trainer alles. Wenn es dich interessiert, dann kannst du alle Fußballregeln im Regelheft des DFB nachlesen.

Ein Spiel mit Freunden

Auch, wenn du nur einfach so mit deinen Freunden auf der Wiese oder dem Schulhof spielst, muss einiges besprochen werden. Bevor das Spiel beginnt, legt ihr eure eigenen Regeln fest.

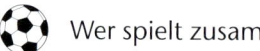 Wer spielt zusammen in einer Mannschaft?

Wo sind die Tore?

Gibt es „Aus" oder wird weitergespielt?

Gibt es Ecken?

Was ist ein Foul? Wann gibt es Freistoß oder Elfmeter?

Manchmal merkt ihr erst während des Spiels, dass noch etwas ungeklärt ist. Dann besprecht es!

Um Streit zu vermeiden, könnt ihr auch einen mitspielenden Schiedsrichter bestimmen.

Ist kein Übungsleiter, Trainer oder Lehrer dabei, bestimmen die Spieler selbst die Regeln.

Alle dürfen mitreden! Nicht der Größte oder derjenige, dem der Ball gehört, bestimmt, wie gespielt wird!

Foulen ist unfair

Keiner mag alleine Fußball spielen! Oder macht es dir vielleicht Spaß, nur allein zu dribbeln oder immerzu auf ein Tor ohne Torhüter zu schießen?

Die Mitspieler sind nicht deine Feinde, sondern die sportlichen Gegner! Du brauchst die anderen zum Spielen – also behandle sie auch fair!

Ohne deine Mitspieler kannst du nicht Fußballspielen!

Behandle deinen Gegner fair und pass auf, dass du ihn nicht verletzt!

Entschuldige dich bei einem ungewollten Foulspiel!

Der faire Zweikampf

Das Aufregende am Fußball sind doch die Zweikämpfe. Du willst den Ball zuerst annehmen, wegschnippeln, den Gegner umspielen und austricksen. Du versuchst, der gegnerischen Mannschaft den Ball abzunehmen und in deiner Mannschaft bis zum Torschuss zu halten. Dafür hast du viele Möglichkeiten und du solltest nicht ängstlich oder zimperlich sein. Aber alles, was du im Zweikampf machst, darf den Gegner nicht verletzen.

Auf den Bildern siehst du Fußballer, die mit viel Einsatz um den Ball kämpfen. Nimm einen roten Stift und rahme die Bilder damit ein, die unerlaubte Aktionen, wie Foulspiel oder gefährliches Spiel zeigen!

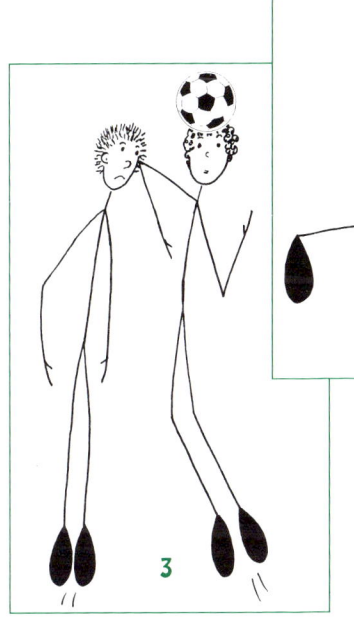

Mal ein Wort zum Schiedsrichter

Früher nannte man den Schiedsrichter auch den Mann in Schwarz. Das kommt von der schwarzen Kleidung, die er immer trug. Heute haben die Schiris oft auch rote, grüne oder andere farbige Trikots und Hosen an. Hauptsache, sie sind gut von den Spielern zu unterscheiden und leicht zu erkennen.

Der Schiedsrichter leitet das Spiel, achtet darauf, dass die Regeln eingehalten werden und darf Verstöße auch bestrafen. Damit er immer auf Ballhöhe ist, muss er ganz schön schnell laufen. Und schnell muss er auch seine Entscheidungen zu Toren, Abseits, Fouls oder Elfmeter treffen. Das ist ziemlich schwer, denn da hilft ihm keine Wiederholung in Zeitlupe, wie es der Fernsehzuschauer hat.

Beim Spiel mit deinen Freunden braucht ihr keinen Schiedsrichter. Ihr könnt alles untereinander regeln. Aber vielleicht hast du Lust, mal Schiedsrichter zu sein. Dann probier es doch einfach aus. Du wirst auch merken, wie schwer es ist und dass nicht immer alle mit deiner Entscheidung einverstanden sind.

Was muss du als Schiri hier pfeifen?

_____

Weißt du, was diese Zeichen des Schiedsrichters bedeuten?

1 _____   2 _____   3 _____

....................................8 DAS BALLGEFÜHL

Was ist eigentlich *Ballgefühl*?

Ist es die Freude des Balls,
wenn er im Tor landet?

Oder ist es vielleicht
der Schmerz, den er bei
einem harten Fußtritt
empfindet?

Ach, mein guter Ball! Ich hab dich ja
schrecklich lieb! Entschuldige, dass ich
immer so hart gegen dich treten muss.

Oder sind es etwa die Gefühle,
die der Fußballspieler für den
Ball hat?

Ballführung

Dribbeln und Tricksen

An- und Mitnahme

Was ein Fußballspieler können muss:

Kopfstoß

Ballabnahme

Torschuss und Zuspiel

Mit dem *Ballgefühl* ist gemeint, wie gut ein Spieler den Ball spüren kann. Er fühlt mit dem Fuß das Gewicht des Balls, die Größe und aus welchem Material er ist. Er fühlt auch, wie er springt, rollt und fliegt. Ein guter Fußballspieler muss dieses Gefühl haben.

Viele Füße und ein Ball! Wer auf dem Fußballplatz am besten mit dem Ball umgehen kann, wird siegen.

Dafür musst du:

- *Den Ball mit Fuß, Kopf oder Körper annehmen.*
- *Den Ball führen, ohne dass der Gegner ihn dir abnimmt.*
- *Sicher und genau zuspielen.*
- *Gut schießen und ins Tor treffen.*

Im Spiel musst du den Ball kontrollieren. Mit dem Fuß entscheidest du, was mit dem Ball gemacht wird. Ob er bei dir bleiben soll und wohin und wie weit er fliegt. Du bist der Chef und zeigst dem Ball, wo es langgeht! Nicht der Ball macht mit dir, was er will!

Mit den Händen ginge das leichter, aber die darf nur der Torwart benutzen. Deshalb ist es wichtig, dass du deine Füße gut trainierst. Ein Spitzenspieler hat so viel Gefühl in den Füßen, als wären sie Hände.

Dieses Ballgefühl erreichst du nur durch viel, viel Üben. Sogar die besten Fußballspieler machen immer wieder Übungen mit dem Ball. Am besten ist, du nimmst dir jeden Tag etwas Zeit dafür. Übungen findest auf den nächsten Seiten. Viel Spaß!

Sogar beim Fernsehen lässt sich üben!

Übungen für das Ballgefühl

Schau für diese Übungen auch ins Kapitel 9 zur Schusstechnik. Dort wird die Technik der Stoßarten erklärt.

Wie kannst du üben?
Im Stehen, im Sitzen auf dem Boden, im Sitzen auf einem Stuhl. Ziehe deine Fußballschuhe an oder normale Straßenschuhe. Barfuß fühlst du den Ball am besten.

Wo kannst du üben?
Für die Übungen brauchst du nicht viel Platz. Du kannst draußen auf der Wiese, im Garten und auch drinnen im Zimmer üben, wenn es niemanden stört.

Womit kannst du üben?
Der Fußball ist dein Spielgerät. Ist kein spezieller Fußball vorhanden, eignen sich auch alle anderen Bälle. Verwende große, kleine, weiche und harte Bälle.

Wie schnell musst du üben?
Natürlich soll ein Spieler sehr flink mit dem Ball umgehen können. Aber das geht nicht sofort. Du führst die Übungen erst langsam aus und versuchst, mit jedem Mal schneller zu werden. Später muss es genau und schnell gehen!

Ein Fußballer muss beide Beine gleich stark trainieren. Im Spiel kann man sich nicht immer aussuchen, vor welchem Fuß der Ball liegt. Da soll die Ballannahme oder der Schuss links und rechts klappen. Achte besonders auf das gleichmäßige Training, wenn du merkst, dass du einen starken und einen schwachen Fuß hast.

Also, immer schön die Füße wechseln!

1 Den Ball rollen

Ein Fuß liegt auf dem Ball. Nun rolle den Ball vorwärts, rückwärts, nach rechts und nach links und im Kreis. Halte den Fuß fest am Ball. Du darfst ihn nicht verlieren!

2 Den Ball wälzen

Bei dieser Übung wird der Fuß von der einen Seite des Balls zur anderen bewegt. Dabei bleibt der Fuß immer in Ballkontakt. Bist du mit dem Fuß auf der anderen Seite angekommen, dann geht's wieder zurück. Es geht leichter, wenn das Standbein etwas mithüpft.

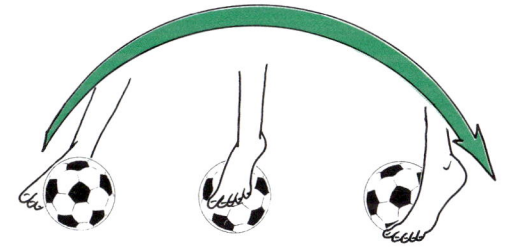

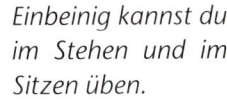

Einbeinig kannst du im Stehen und im Sitzen üben.

Nun wälze den Ball mit beiden Füßen! (Geht das auch im Stehen?)

3 Den Ball rollen

Rolle den Ball mit der Fußsohle. Mit dem Standbein hüpfst du mit. Gehe vorwärts und rückwärts, mit dem rechten Fuß und mit dem linken.

4 Vor – stopp – zurück – stopp

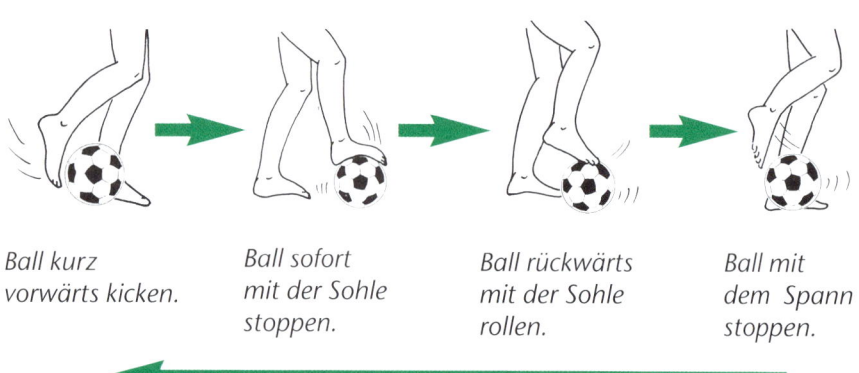

| Ball kurz vorwärts kicken. | Ball sofort mit der Sohle stoppen. | Ball rückwärts mit der Sohle rollen. | Ball mit dem Spann stoppen. |

... nun wieder von vorn!

Du musst sehr gefühlvoll kicken, damit der Ball nicht zu weit wegrollt!

Schreibe dir einfach mal auf, wie oft du in der Woche übst!
In die obere Zeile kommt die Woche, darunter machst du einen Strich, immer wenn du geübt hast. So wie im Beispiel.

Woche	1.	2.							
Anzahl	✝✝✝ /								

5 Slalom

Baue dir eine Slalomstrecke auf und führe den Ball mit dem Fuß hindurch. Halte den Ball immer dicht am Fuß, damit er nicht verloren geht.

Es gibt einige Wettbewerbe, die du mit deinen Freunden, aber auch allein ausführen kannst. Hast du noch mehr Ideen? Dann legt die Regeln fest und los geht's!

 Wie oft schaffst du die Strecke hin und zurück, ohne den Ball zu verlieren? (Oder, ein Fehler ist erlaubt!)

 Wenn ihr eine Stoppuhr habt, könnt ihr den schnellsten Slalomläufer ermitteln.

6 Zielschießen

Legt einen Abschusspunkt fest und ein Stück weiter den Zielpunkt. Ihr könnt auch eine Art Zielscheibe auf das Pflaster oder die Wiese zeichnen. Das Ziel darf nicht zu weit weg sein, da es ja hier um Ballgefühl und nicht um Weitschüsse geht.

 Wer kommt am nächsten heran?

 Wer hat die meisten Punkte?

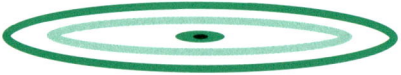

Das Jonglieren

Wer hat noch nicht diese Ballkünstler bewundert, die lange Zeit mit vielen Ballkontakten den Ball in der Luft halten können? Dabei wird der Ball mit dem Fuß, dem Oberschenkel, dem Kopf oder immer abwechselnd berührt. Das sind aber nicht nur bewunderte Kunststückchen.

Jeder Fußballer sollte auch ein Ballkünstler sein.

Probiere deshalb die nachfolgenden Jonglierübungen. Da es nicht ganz einfach ist, führe zu Beginn diese Vorübungen aus.

Lass den Ball aus den Händen fallen. Bevor er auf den Boden fällt, spielst du ihn wieder nach oben, sodass du ihn auffangen kannst. Dabei musst du den Ball richtig mit dem Vollspann treffen und sehr gefühlvoll nach oben bringen.

Versuche die gleiche Übung mit dem Oberschenkel. Dafür lässt du den Ball fallen und spielst ihn mit dem Oberschenkel des angewinkelten Beins wieder hoch.

Für das Jonglieren mit dem Kopf wirfst du den Ball leicht nach oben. Stoße ihn mit dem Kopf und fange ihn wieder auf.

 Jongliere erst rechts und dann links.

 Wechsle zwischen den Beinen immer hin und her.

 Wechsle zwischen Fuß, Oberschenkel und Bein.

 Jongliere nur auf dem Kopf.

Wenn es dir am Anfang noch sehr schwer fällt, dann darf der Ball immer einmal auf den Boden springen, bevor er mit dem Fuß gespielt wird.

Zähle die Ballberührungen, die du ohne Unterbrechung schaffst. Schreibe mit Bleistift deinen persönlichen Rekord in das kleine Kästchen unter dem Bild. Da du ja hoffentlich immer besser wirst, kannst du die alte Zahl ausradieren und immer den neuen Rekord eintragen.

Ein guter Spieler schafft mindestens 50 Wiederholungen!

Den Ball anheben

Zum Jonglieren musst du zunächst den Ball auf den Fuß, den Oberschenkel oder Kopf bekommen. Bestimmt machst du das bei den ersten Übungen mit den Händen. Versuche nun aber, den Ball mit dem Fuß anzuheben.

Den Ball mit der Sohle zurückrollen, → *mit dem Fuß darunter fahren* → *und hopp, auf den Spann.*

Es ist schon ärgerlich, wenn bei den ersten Übungen der Ball ständig herunterfällt und wegrollt. Außerdem verbringst du so mehr Zeit mit dem Hinterherlaufen als mit dem Üben.

Willi hat da eine Idee!
- *Binde den Ball an eine lange Schnur oder stecke ihn in ein Netz mit einem langen Band. Das Schnurende hältst du in der Hand oder bindest es irgendwo fest.*
- *Nimm ein kurzes Pendel für den Fuß und ein langes Pendel für den Kopf.*

..........9 EINIGES ZUR FUßBALLTECHNIK

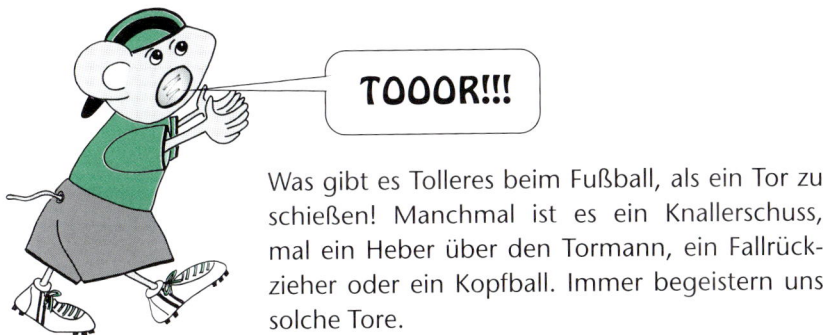

TOOOR!!!

Was gibt es Tolleres beim Fußball, als ein Tor zu schießen! Manchmal ist es ein Knallerschuss, mal ein Heber über den Tormann, ein Fallrückzieher oder ein Kopfball. Immer begeistern uns solche Tore.

All diese Torerfolge sind das Ergebnis fleißigen Übens und Trainierens. Immer wieder und aus allen Positionen musst du den Torschuss probieren. Dafür ist es wichtig, die Schusstechnik, die Haltung des Fußes und die Bewegung des Körpers zu kennen. Bei verschiedenen Übungen lernst du, Entfernungen einzuschätzen und probierst aus, mit welchem Krafteinsatz du schießen musst.

Das Toreschießen und das Zuspiel sind für den Fußballanfänger das Allerwichtigste. Deshalb beschäftigen wir uns in diesem Buch hauptsächlich damit.

Auf den nächsten Seiten erklären wir dir die wichtigsten Stoßarten, mit denen du auf das Tor schießen kannst oder einem Mitspieler den Ball zuspielst. Wir beschreiben hier die Ausführung und auch die Fehler, die du dabei machen kannst. Du erhältst Tipps für das Üben im Verein oder Zuhause.

Beim Spielen und Herumbolzen wirst du dann selbst herausfinden, in welchen Situationen du welchen Schuss oder Pass am besten anwendest. Vielleicht kannst du dir auch von erfahreneren Spielern oder im Fernsehen etwas abschauen.

Die Richtung des Balls

Wohin der Ball fliegt, richtet sich danach, an welcher Stelle er getroffen wird. Auf der Zeichnung kannst du die Treffflächen und die Richtungen genau sehen. Nimm dir einen Ball und probiere es einfach mal aus!

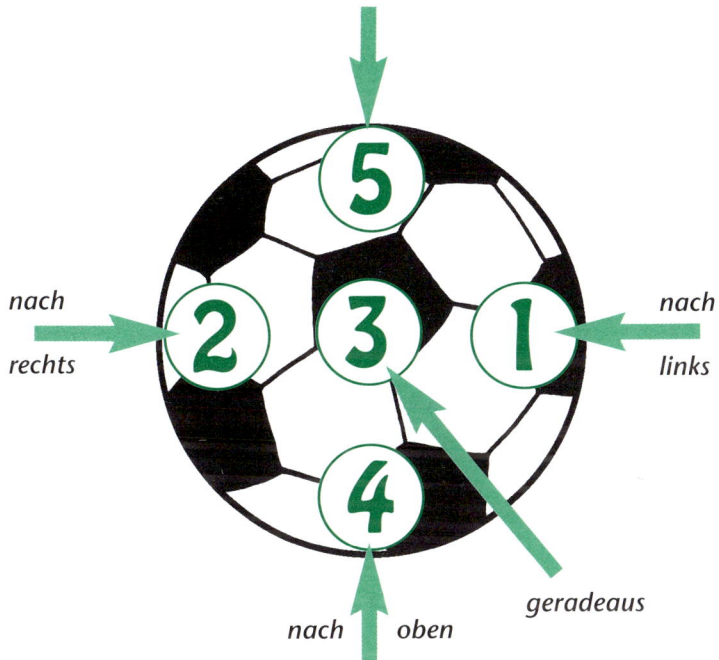

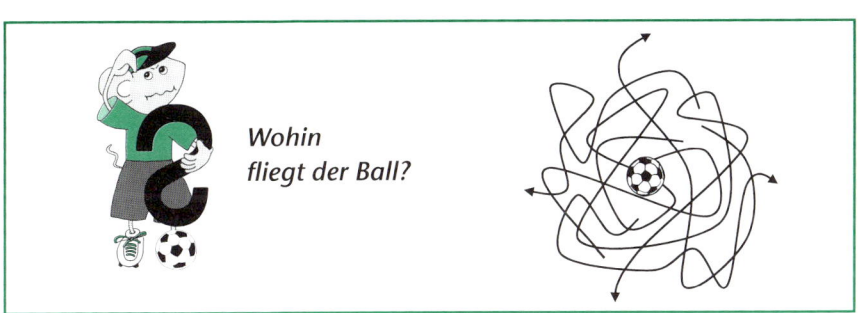

Wohin fliegt der Ball?

Die Treffflächen des Schuhs

Sehr entscheidend ist auch, mit welchem Teil des Fußes geschossen wird. Das ist wichtig für die Richtung des Balls, für die Schärfe des Schusses und für den Dreh. Du kannst dir aber nun keine Lieblingsseite aussuchen, sondern die Spielsituation ist entscheidend. Jeder Fußballer muss lernen, alle Seiten zu gebrauchen.

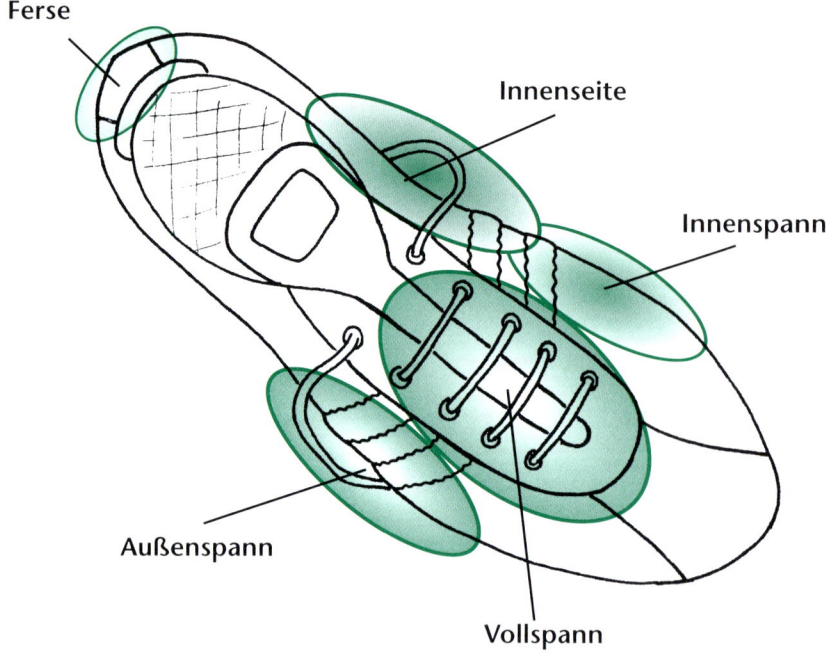

Je nachdem, mit welcher Seite der Stoß ausgeführt wird, bezeichnet man die Stoßarten. Das siehst du auf den nächsten Seiten.

Der Innenseitstoß

Der Innenseitstoß ist die häufigste und genaueste Form der Stoßarten. Mit der Fußinnenseite hast du ein gutes Gefühl für den Ball und kannst so einen genauen Pass ausführen. Das ist wichtig beim kurzen Zuspiel zum Mitspieler oder auch beim Strafstoß.

Für scharfe, weite Bälle eignet sich der Innenseitstoß nicht so sehr.

So wird er ausgeführt:

- Der Fuß des Standbeins steht seitlich – etwa fußbreit – neben dem Ball.
- Die Fußspitze des Standbeins zeigt in Stoßrichtung.
- Das Spielbein ist im Knie leicht gebeugt.
- Die Füße stehen im rechten Winkel zueinander.
- Das Spielbein wird in Spielrichtung durchgeschwungen.
- Triff den Ball genau in der Mitte.
- Beuge den Oberkörper leicht über den Ball.

Auf den Zeichnungen versucht der Spieler, den Ball mit Innenseitstoß zu schießen. Wahrscheinlich wird ihm das nicht so gut gelingen. Was macht er falsch?

Ist das auch dein Problem? Kreuze an, was du noch üben musst. Verwende aber einen Bleistift, damit du das Kreuz hoffentlich bald wieder ausradieren kannst!

1

2

3

Bevor du mit Stoßübungen beginnst, solltest du dich etwas aufwärmen. Mit kalten Muskeln kannst du beim Schuss eine Zerrung bekommen. Das tut weh und ist sehr ärgerlich!

Zum Erwärmen eignen sich Laufübungen oder lockeres Springen. Dehne dich und dann kann es losgehen.

So kannst du üben

 Führe zuerst Trockenübungen ohne den Ball aus.

 Führe den Innenseitstoß auf einer vorgezeichneten Linie (z. B. der Spielfeldbegrenzung oder einem Kreidestrich) aus. Der Ball soll genau auf der Linie laufen.

 Übe zuerst ohne Anlauf aus dem Stand. Das Standbein steht schon neben dem Ball und du stößt den Ball nur kurz an.

 Ziele auf kleine Tore aus einer kurzen Entfernung. Macht einen Wettbewerb:
- *10 Schuss von der Linie ins kleine 1-m-Tor.*
- *Die Treffer werden aufgeschrieben.*

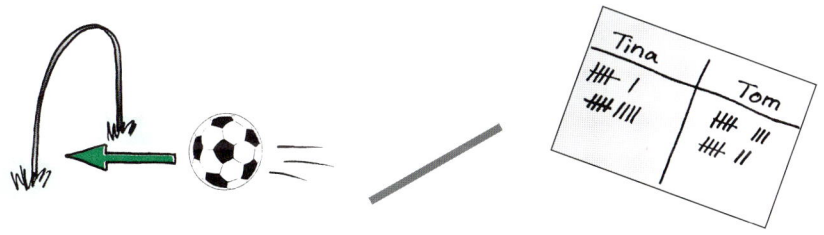

Die Spannstöße

Auf der Zeichnung mit dem Fußballschuh sind die Treffflächen für die Spannstöße eingezeichnet. Du erkennst, dass es drei Spannstöße gibt:

- Innenspann
- Außenspann
- Vollspann

Der Innenspannstoß

Mit dem Innenspann kannst du den Ball sehr weit und hoch spielen. Deshalb wird zum Ausführen von Freistößen, Ecken, Zuspielen oder Abstößen fast immer der Innenspannstoß verwendet. Er eignet sich auch für Flanken und weite Zuspiele. So lässt sich der Ball auch hoch über den Gegner hinwegschießen.

Was fliegt denn da für ein komischer Vogel?

Der Außenspannstoß

Mit dem Außenspann hast du die Möglichkeit, genaue, lange Pässe zu schlagen. Du verwendest ihn auch für ein verdecktes Abspiel, für Ecken, Freistöße oder Torschüsse. Du nutzt ihn, um deinen Gegner geschickt zu umspielen. Der Ball hat eine bogenförmige Flugbahn und erhält einen Dreh. Das nennt man *Effet.*

Der Vollspannstoß

Mit dem Vollspannstoß schießt du am schärfsten. Deshalb wird er meistens für den Torschuss, für weite Pässe oder einen Befreiungsschlag aus der Abwehr verwendet. Er eignet sich auch für einen weiten Abstoß oder Freistoß.

So werden die Spannstöße ausgeführt:

- Der Standbeinfuß steht seitlich – etwa fußbreit – neben dem Ball.
- Die Fußspitze des Standbeins zeigt in Stoßrichtung.
- Das Spielbein schwingt aus dem Hüftgelenk, dann über das Kniegelenk und dann sehr schnellkräftig nach vorn an den Ball.
- Das Fußgelenk des Spielbeins ist fest.
- Das Spielbein schwingst du in Spielrichtung durch.
- Du triffst den Ball mit dem Fußrist (Schnürung des Schuhs) beim Vollspann, mit dem Innenrist oder mit dem Außenrist.
- Der Oberkörper ist nach dem Schuss über den Ball und das Standbein gebeugt.

Schau dir die Zeichnungen genau an! Was machen die Spieler beim Vollspannstoß falsch?

Ist das auch dein Problem? Kreuze an, was du noch üben musst. Verwende aber einen Bleistift, damit du das Kreuz hoffentlich bald wieder ausradieren kannst!

1

2

3

So kannst du üben

 Führe zuerst Trockenübungen ohne den Ball aus.

 Nutze für den Anlauf eine vorgezeichnete Linie (z. B. die Spielfeldbegrenzung oder einen Kreidestrich).

 Spiele aus mittlerer Entfernung mit dem Innenspann gegen eine Wand. Dabei versuchst du, den zurückkommenden Ball gleich wieder zu treffen. Wie oft gelingt dir das ohne Fehler?

 Zeichne dir ein Ziel an eine Wand und versuche, hineinzutreffen.

 Spielt euch gegenseitig mit dem Innenspann den Ball zu.

Wie lange könnt ihr euch den Ball ohne Fehler zuspielen? Wenn ihr euch dabei bewegt, wird es schwieriger.

 Sucht ein Hindernis oder hängt einen Reifen auf. Nun könnt ihr euch den Ball zuuspielen. Hier kommt es auf genaues Spiel an.

 Baue dir ein kleines Tor. Wähle als Abstand etwa 10 Schritte. Markiere einen Abstoßpunkt und versuche, mit dem Außenspann in dein Tor zu treffen.

- *Wie viele Tore erzielst du bei 10 Versuchen?*
- *Schreibe dir deine Ergebnisse auf.*
- *Kannst du dich in den nächsten Tagen verbessern?*
- *Führe diesen Wettbewerb auch mit deinen Freunden durch.*
- *Wer ist Torschützenkönig?*

 Suche dir ein Ziel und versuche, dieses Ziel zu treffen. Das kann ein Baum sein, ein Eimer oder ein Dosenturm.
Wie viele Treffer erreichst du bei 20 Schüssen?

 Hast du genug Platz? Keine Fußgänger, Fensterscheiben oder Autos in der Nähe? Dann zeig mal, wie weit dein Vollspannstoß geht!
Gut, wenn ein Freund den Ball abfängt. So kann er ihn gleich wieder zurückschießen.

 *Immer schön die Beine und Füße wechseln! Du willst ja nicht einseitig trainieren.*

Der Kopfstoß

Der Kopfball ist immer etwas Besonderes im Fußballspiel. Wenn ein hoher Ball ankommt, kann der Spieler ihn mit dem Kopf weiterleiten. Das macht er als Kopfball aufs Tor, zum Abgeben an einen Mitspieler oder zur Abwehr.

So wird der Kopfstoß ausgeführt:

• Der Ball wird mit der Stirn geköpft.
• Der Nacken ist fest.
• Die Augen bleiben offen, sonst siehst du ja den Ball nicht.
• Springe im richtigen Moment ab.
• Der Oberkörper ist wie bei einem Bogen gespannt.
• Der Oberkörper schnellt nach vorn und der kräftige Stoß erfolgt mit dem ganzen Körper.

Das Besondere am Kopfstoß

- Du kannst aus dem Stand köpfen, aus dem Sprung oder im Hechtflug.
- Mit der Bewegung deines Körpers entscheidest du, in welche Richtung der Ball fliegt.
- Ein Kopfstoß kann genauso scharf sein wie ein Torschuss, wenn das Zuspiel genau und scharf erfolgt.

Manche behaupten, der Kopfstoß sei nur etwas für die Langen. Die kleinen Fußballer hätten ja sowieso keine Chance. Aber das stimmt nicht ganz.

Auch, wer beim Kopfball am höchsten springt oder im richtigen Moment abspringt, bekommt den Ball. Wer sehr schnell und hoch springen kann, der hat im Kampf um den Ball einen Vorteil.

Schau dir die Zeichnungen genau an! Was machen die Spieler beim Kopfstoß falsch?

So kannst du üben

- Führe die Bewegung erst einmal trocken, also ohne Ball, aus.
- Benutze am Anfang einen weicheren Ball.
- Versuche den Kopfstoß am Anfang aus dem Stand.
- Wirf dir den Ball selbst hoch.
- Lass dir von jemanden den Ball in Kopfhöhe zuwerfen.

Keine Angst vorm Kopfstoß!
Die Stirn ist hart genug und der Kopf durch die Schädel-knochen gut geschützt. Wird der Kopfstoß richtig ausge-führt, kann nichts passieren.

Übrigens: Wenn der Mathetest in der Schule schief geht, liegt es nicht an den Kopfballübungen!

Trainingstipps für den Kopfstoß

1. Versuche, mit einem Freund den Ball per Kopf hin- und herzuspielen.

2. Bist du allein, dann köpfe gegen eine Wand oder Mauer.

3. Viel Spaß macht das Kopfball-Torespiel. Baut zwei Tore (4 m breit) im Abstand von 5 m auf und versucht, beim anderen per Kopf Tore zu erzielen. Werft euch den Ball mit der Hand gerade hoch und köpft den Ball so wuchtig wie möglich aus dem Stand aufs gegenüberliegende Tor.

4. Zum Üben des Kopfstoßes aus dem Sprung wirfst du dir den Ball selbst hoch und köpfst ihn. Am besten gegen eine Wand, denn da musst du dem Ball nicht ständig nachlaufen.

5. Lass dir den Ball von einem Partner zuwerfen. Das kann von vorn oder von vorn seitlich geschehen.

6. Kopfballweitschuss-Wettbewerb
   Wer köpft nach eigenem Hochwurf den Ball am weitesten? Der Auftreffpunkt des Balls ist die Markierung für die Weite.
   (Ein Tipp: Sehr hoch werfen und viel Bogenspannung im Körper!)

Durch häufiges Üben erlangst du langsam das Gefühl für den richtigen Moment des Absprungs und für den Krafteinsatz.

Hast du keine Lust mehr, immer dem herunterfallenden Ball nachzulaufen? Dann erinnere dich an den Ball im Netz oder an der Schnur aus Kapitel 7.

Hier ist etwas zum Ausmalen. Viel Spaß!

Der Torwart

Tore erzielen macht Spaß! Es ist auch gar nicht so leicht, ins Tor zu treffen. Aber so richtig Spaß macht es nur, wenn man zudem noch einen Torwart überwinden muss. Wie kann man ihn täuschen und in die falsche Ecke schicken? Oder ist mein Schuss solch ein Knaller, dass der Torwart überhaupt keine Chance hat?

Ob auf nur ein Tor aus Schultaschen gespielt wird oder im Spiel mit zwei Mannschaften, es ist eine spannende Aufgabe, selbst der letzte Mann zu sein. Derjenige, auf den sich alle verlassen und der sein Tor sauber halten will. Oft legt ihr bei eurem Spiel noch keine Positionen fest. So geht auch jeder mal ins Tor.

Ein Torwart muss:

- *Gut fangen können.*
- *Die Spielsituation richtig erkennen.*
- *Stets wachsam sein.*
- *Mut haben.*

Doch nur zwei große, feste Handschuhe reichen nicht aus, um ein guter Tormann zu sein. Hier verraten wir einige Tricks!

Den Ball halten

Wenn du den Ball gefangen hast, dann halte ihn erst einmal ganz fest. Zur Sicherheit drückst du ihn an die Brust und umschließt ihn mit beiden Armen. Beim Fangen werden die Finger gespreizt, weil du so eine viel größere Fangfläche hast. Den Körper beugst du zum Ball hin, damit ein scharfer Schuss dich nicht umwirft.

Kommt der Ball flach, nimmst du ihn im Knien auf. Vorsicht, beim Hinknien die Beine geschlossen halten, damit der Ball nicht hindurchrollen kann.

Einen halbhohen Ball fängst du mit leicht gebeugten Beinen. Die Arme und Hände bewegen sich wie bei einem Schaufelbagger.
Mach dich schön rund.

Für hohe Bälle musst du gut abspringen. Beim Fangen spreizt du den Daumen ab, damit der Ball gut gesichert ist und nicht hindurchfliegen kann. Zieh den gehaltenen Ball fest an die Brust.

Fausten und Ablenken

Natürlich ist es immer am besten, du fängst das Leder. So ist es gesichert und deine Mannschaft kann einen neuen Angriff starten. Doch manchmal ist der Ball nicht zu halten.

Beim Fausten stößt du mit der Faust gegen den Ball und bringst ihn so möglichst weit aus der Gefahrenzone.

Der Daumen bleibt draußen, damit er nicht verletzt wird.

Ist der Schuss zu scharf, dann versuche, das Leder mit der flachen Hand über das Tor oder seitlich abzulenken.

Der Schusswinkel

Wenn du als Torwart auf der Torlinie bleibst, dann hat der Schütze viel Platz, um ein Tor zu erzielen. Läufst du ihm jedoch entgegen, kannst du den Schusswinkel verkürzen und der Spieler hat weniger Möglichkeiten, den Ball an dir vorbeizustoßen.

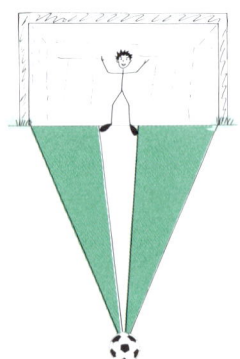

Das kannst du auf den Zeichnungen sehen.

Mit vollem Einsatz

Für eine Mannschaft hängt viel von der Leistung des Torhüters ab. Oft entscheidet nur ein Tor über Sieg, Niederlage oder Unentschieden. Deshalb ist der ganze Einsatz des Mannes (oder der Frau) im Tor gefragt.

Weil du als Torhüter meistens nicht genau in Schusslinie stehst, ist es auch notwendig, zum Ball zu hechten. Das erfordert etwas Mut und Übung. Schau den erfahrenen Torhütern zu und probier es selbst aus. Dazu ziehst du allerdings nicht gerade deine besten Hosen an!

Rätsel

1 Der Schiedsrichter hat sie in gelb und rot.
2 Dabei darf der Spieler den Ball in die Hand nehmen.
3 Auch Strafstoß genannt.
4 Damit macht der Schiedsrichter Geräusche.
5 Das gibt's, wenn du den Ball über die eigene Torlinie schießt.
6 Vorname von Völler.

Die Anfangsbuchstaben ergeben den englischen Begriff für Torhüter.

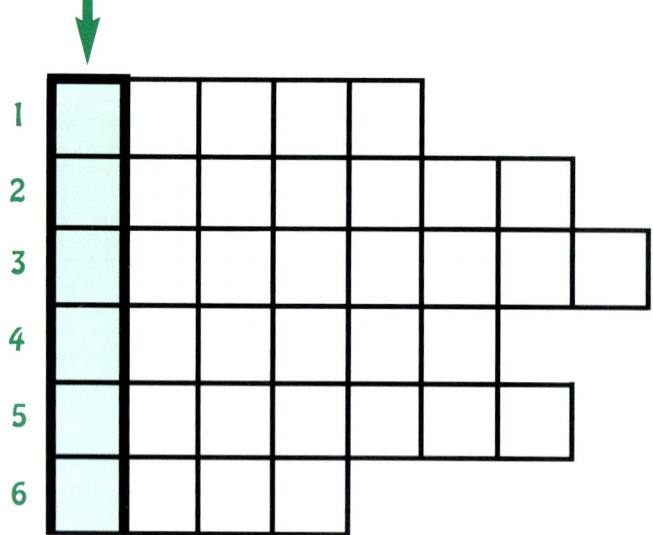

..............10 DRIBBELN, TRICKSEN, AN- UND MITNEHMEN

„Der Ball kommt zum Spieler. Er nimmt das Leder an und läuft los, so schnell er kann. Dabei führt er den Ball ganz eng am Fuß, damit er nicht wegrollt.

Nun kommen die Spieler der gegnerischen Mannschaft angelaufen. Sie versuchen, ihm den Ball abzunehmen, doch er gibt ihnen keine Chance. Er wechselt zwischen den Füßen, geht vor und zurück und schiebt dabei seinen Körper zwischen Ball und Gegner.

Nun gelingt ihm ein Pass zu einem Spieler seiner Mannschaft. Er läuft sich wieder frei und das Leder kommt zurück. Durch einen schnellen Lauf mit dem Ball werden die Gegner abgeschüttelt.

Los geht's in Richtung Tor ...!"

Bestimmt hast du solch eine Spielweise immer wieder probiert. Wahrscheinlich ist es aber noch nicht so erfolgreich gelungen, wie wir es hier beschrieben haben. Das ist nicht so schlimm. Dafür brauchst du eine Menge fußballerisches Können und viel Erfahrung. Doch du bist noch ein Fußballanfänger und willst es erst lernen.

Was du deshalb lernen und üben musst:

* *Dribbeln (die Ballführung)*
* *Finten (das Täuschen des Gegners)*
* *Ballannahme und Ballmitnahme*

Auf den nächsten Seiten findest mehr zum Dribbling, einiges zu den Finten und zur Ballan- und -mitnahme.

Das Dribbeln

Dribbeln nennt der Fußballer das geschickte Führen des Balls mit den Füßen, ohne dass ein Gegner den Ball erreichen kann oder der Ball vor dir wegrollt. Dribblings können sehr erfolgreich sein, weil du mit dem Ball am Fuß einen Gegner umspielen kannst und ihn hinter dir lässt. Du kannst dann unbedrängt aufs Tor schießen oder einen Pass zum Mitspieler folgen lassen. Die großen Könner im Weltfußball sind meist alles sehr gute Dribbler, die den Ball geschickt abschirmen und gegen gegnerische Angriffe behaupten.

Wozu sind Dribblings im Fußball nützlich?

• Wenn dich ein Gegner direkt angreift, dann kannst du ihn so umspielen.
• Du kannst mit dem Ball am Fuß an einem Gegner vorbeilaufen und ihn abschütteln.
• Du kannst einen Gegner zu dir locken und rechtzeitig vorher zum Mitspieler abspielen. So wird der Gegner getäuscht.

So wird gedribbelt

Die Technik zum Erlernen des Dribblings ist nicht allzu schwer. Während des Laufens treibst du den Ball leichtfüßig vor dir her. Dabei berührst du ihn mit kurzen Stößen, immer so, dass er nicht zu weit wegrollt. Du verwendest beide Füße und berührst den Ball mit der Innenseite, mit der Außenseite, mit dem Vollspann oder auch mit der Sohle. Sieh möglichst nicht zu oft zum Ball, sondern schau, wo du hinläufst und beobachte deine Gegner und Mitspieler.

Führe den Ball kurz am Fuß und lass ihn nicht wegrollen. Dabei verwendest du anfangs deinen starken Fuß. Das ist der Fuß, mit dem du mehr Geschick hast. Nimm aber bald auch deinen schwachen Fuß, dann bist du für den Gegner nicht so schnell ausrechenbar.

Wenn du den Körper zwischen Ball und Gegner schiebst, kannst du so den Ball gut abschirmen. Bist du in der gegnerischen Hälfte, dann lauf schnell und mit Risiko. Vor dem eigenen Tor solltest du lieber nicht

dribbeln. Das wäre zu gefährlich. Hast du deinen Gegner erfolgreich um-spielt oder bist ihm davongelaufen, dann schließe das Dribbling schnell ab. Entweder du gibst an einen Mitspieler ab oder du schießt aufs Tor.

Dribble nur, ...

- *wenn du keinen besser postierten Mitspieler mehr neben dir hast.*
- *wenn genügend Platz zum Dribbling vorhanden ist.*
- *wenn du nur noch einen Gegenspieler oder den Torwart vor dir hast.*

Übertreibe das Dribbling nicht! Du verlierst sonst den Ball zu oft und deine Mitspieler laufen sich umsonst frei.

Wie du den Ball geschickt und sicher am Fuß führst, hast du schon in Kapitel 7 gelesen.

Hier sind noch einige Übungen dazu.

1 Slalomlauf

Suche dir Hindernisse, die du umdribbeln kannst. Das können Bäume sein, Pfähle oder Gegenstände. Vielleicht kannst du auch deine Freunde hinstellen!

2 Rundstrecke

Markiere dir eine Strecke. Auf einem Asphaltplatz geht es mit Kreide, auf einem Hartplatz kannst du mit einem Stock in den Boden kratzen und auf die Wiese legst du eine lange Schnur.

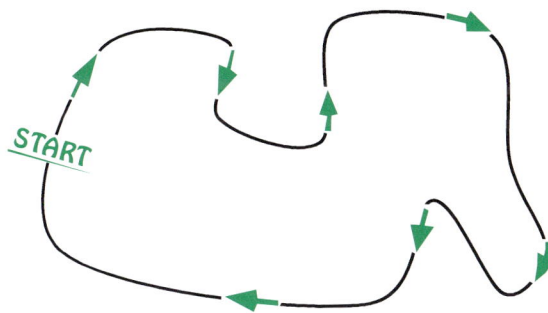

Nun dribble deinen Ball diesen Weg entlang. Wie viele Runden schaffst du, ohne den Ball zu verlieren? In welcher Zeit schaffst du eine Runde?

3 Ohne hinschauen

Ein Fußballer darf während des Dribblings nicht nur auf den Ball schauen. Er muss seine Gegner beobachten und freistehende Mitspieler suchen.

Lege dir den Ball vor die Füße und suche dir als Ziel einen Baum, einen Zaun oder etwas anderes hohes. Nun läufst du mit dem Ball am Fuß darauf zu, ohne zum Ball zu schauen.

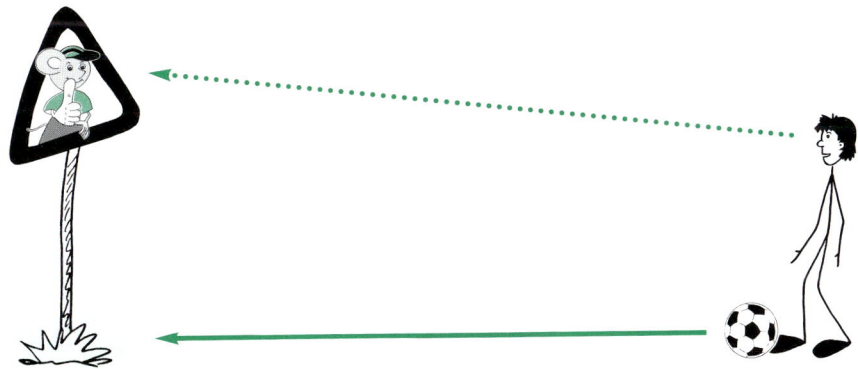

Die Finte

Willst du mit Ball am Fuß an einem Gegenspieler vorbeilaufen, musst du entweder schneller sein als er oder ihn austricksen. Die Täuschung nennt man auch *Finte*. Du tust so, als ob du in eine bestimmte Richtung läufst oder spielst und wenn der Gegenspieler sich dann auch so bewegt, gehst du an der anderen Seite vorbei. Genau das ist der Sinn und Zweck einer Finte! Später, wenn du schon mehr Erfahrung hast, kannst du auch in die ‚falsche' Richtung schauen oder dem ‚falschen' Mitspieler zurufen.

Je geschickter du bist, umso leichter wird es für dich, einen Gegenspieler zu umspielen.
Du musst deine Absichten verschleiern, den Gegner täuschen und allerhand Tricks anwenden, um erfolgreich zu sein.

Schau mal, da oben …!

Willi übt Blickfinten:

Warum Finten so wichtig sind

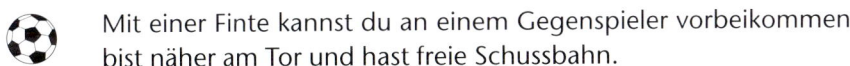 Mit einer Finte kannst du an einem Gegenspieler vorbeikommen, bist näher am Tor und hast freie Schussbahn.

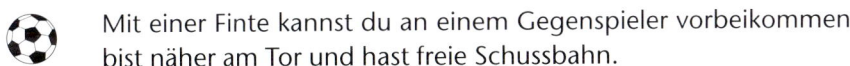 Du lässt deinen Gegenspieler stehen und schaffst eine Überzahl mit deinen Mitspielern. Ihr seid in der jeweiligen Spielsituation ein Spieler mehr und könnt diesen ungedeckten Mitspieler anspielen. So erhöht sich eure Torgefahr.

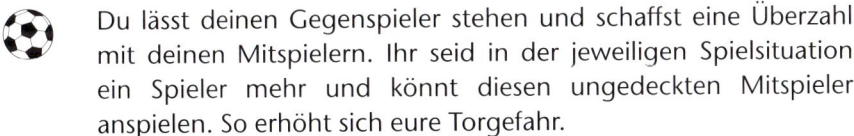 Du nimmst deinem Gegenspieler das Selbstvertrauen, weil er auf deine Tricks und Körpertäuschungen hereinfällt und nicht an den Ball kommt. Das ärgert ihn und lässt ihn schwächer werden. Du bist auf der Siegerstraße. Man sagt, wer im Fußball die Mehrzahl der Zweikämpfe gewinnt, gewinnt meist das Spiel!

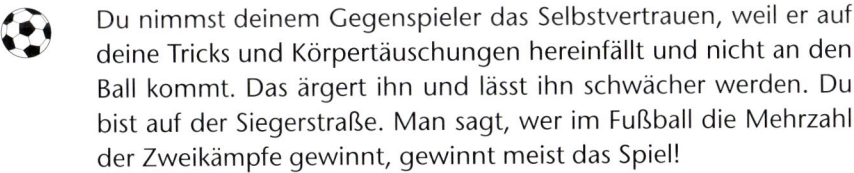 Mit Täuschungen und Finten gehst du Zweikämpfen aus dem Weg, bleibst unverletzt und kannst deine Aktion nach dem Umspielen fortsetzen.

Die Schrittfinte

Führe den Ball mit dem rechten Fuß auf einen Gegner zu. Rechtzeitig vorher machst du einen weiten Ausfallschritt mit dem linken Fuß zur Seite nach links. Der Gegner wird diese Bewegung mitmachen (man sagt, *auf den falschen Fuß stellen*) und selbst gehst du urplötzlich mit dem Ball am Fuß nach rechts am Gegner vorbei.

Handle schnell, wenn der Gegner die falsche Bewegung macht und laufe leichtfüßig an ihm vorbei. Spiele den Ball mit der rechten Außenseite, wenn du nach rechts weg antrittst und bringe sofort einen Abstand zwischen dich und den Gegner.

So kannst du die Finten lernen

 Übe den Ablauf der Finte ganz für dich allein ohne Gegner und präge dir die Bewegungen richtig ein.

 Nimm einen Baum, eine Wäschestange oder ein Markierungshütchen und stelle dir vor, das wäre dein Gegner. Übe so den Ablauf. Dieser Gegner wird dir nichts tun und auch den Ball nicht wegspielen. Du lernst aber den Ablauf der Finte, wie schnell du sein musst, wann du mit der Täuschung beginnst und wo du entlanglaufen musst.

 Nun übst du mit einem menschlichen Gegenspieler. Papa, Mama, Opa oder dein Freund haben gewiss auch Spaß, mit dir zu trainieren. Sie dürfen auf deine Täuschung reagieren, ohne dir den Ball weg-zunehmen.

 Nun wird es ernst! Du suchst dir einen richtigen Gegner, der ernst-haft versucht, dich vom Ball zu trennen. Plane, wie du täuschen willst und verrate es nicht. Probiere aus, ob dein Plan gelingt!

Die Ballan- und -mitnahme

Das Fußballspiel in der heutigen Zeit ist sehr schnell geworden. Da hat der Spieler kaum Zeit, den ankommenden Ball erst zu stoppen und dann zu schauen, wie es weitergeht. Alles muss schnell und nahtlos ablaufen. Der Ball wird angenommen und gleich in eine neue Richtung mitgenommen oder abgespielt. So hat der Gegner weniger Chancen, ihn dir wieder abzunehmen.

Das An- und Mitnehmen eines zugespielten Balls macht ein gutes Zusammenspiel innerhalb der Mannschaft überhaupt erst möglich und sichert den Ballbesitz.

Womit wird der Ball angenommen?

 Mit allen Teilen beider Füße:

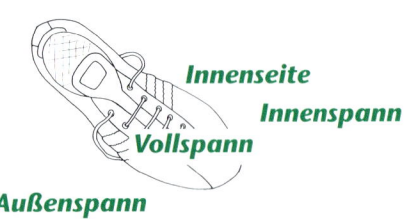

Innenseite

Innenspann

Vollspann

Außenspann

 Mit anderen Körperteilen:

- *Kopf*
- *Brust*
- *Oberschenkel*

Wonach richtet sich die An- und Mitnahmetechnik?

Wie ein Ball angenommen und mitgenommen wird, richtet sich nach der Schärfe, mit der der Ball ankommt und ob es ein flacher, ein halbhoher oder ein hoher Ball ist. Entscheidend ist auch die Entfernung des ankommenden Balls. Bei der Wahl der Technik muss ein Spieler erkennen, wie viel Zeit und welchen Platz er zur Verfügung hat, um den Ball zu kontrollieren.

Das An- und Mitnehmen flacher Bälle

Für Anfänger ist die sicherste und am schnellsten zu lernende Art der Ballkontrolle das An- und Mitnehmen mit der Innenseite. Diese Technik wird im Anfängerfußball am häufigsten verwendet, weil dort der Ball meistens flach und rollend zugespielt wird.

Was du beachten musst:

 Beide Füße stehen, ähnlich wie beim Innenseitstoß, ungefähr im rechten Winkel zueinander.

Die Innenseite des annehmenden Fußes geht dem Ball etwas entgegen und nimmt ihn dann, leicht nach hinten nachgebend, an. Dies ist wichtig für die weiche Landung des Balls an deinen Füßen. Wenn du das nicht machst, springt dir der Ball weg und wird eine leichte Beute deiner Gegenspieler.

Hebe die Fußspitze des Spielbeins leicht an. So kann dir der Ball nicht über den Fuß rollen oder nach oben wegspringen.

Gleich nach dem Annehmen musst du den Ball in eine andere Richtung mitnehmen (deshalb sagen wir auch an- und mitnehmen). So kannst du dich vom gegnerischen Angriff lösen.

Verbinde die Annahme möglichst oft mit einer Körpertäuschung. Bei der An- und Mitnahme mit der Innenseite kannst du ausholen, als wolltest du den ankommenden Ball wegschießen. Der Gegner weiß dann nicht, ob du den Ball wirklich annimmst oder gleich zu einem Mitspieler spielst.

Schau dir dazu auch noch einmal die Technik des Innenseitstoßes an!

Ist dein Ballgefühl schon besser entwickelt, kannst du flache Bälle auch mit der *Außenseite* an- und mitnehmen.

Hier nimmt dein starker Fuß den ankommenden Ball mit der Außenseite seitlich vom Standbein an und sofort in eine andere Richtung mit. Den Fuß des Spielbeins musst du dabei nach innen anwinkeln und die Fußspitze zeigt nach oben.

Auch hier kannst du den Gegner vor der Ballannahme täuschen. Mach einen Schritt nach links und nimm den Ball mit der Außenseite des anderen Fußes nach rechts mit. Diese Bewegung ist genauso auszuführen wie bei der Schrittfinte auf Seite 96.

So kannst du üben:

Spiele gegen eine Wand oder Mauer. Den zurückkommenden Ball nimmst du dann mit der Innen- oder Außenseite an.

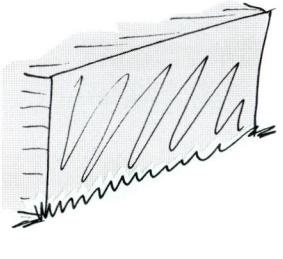

Lass dir von jemanden den Ball zuspielen. Nimm ihn an, laufe damit ein Stück und spiele ihn wieder zurück.

An- und Mitnahme
hoher, springender und anfliegender Bälle

Hohe Bälle kannst du mit dem Fuß, aber auch mit dem Oberschenkel, dem Oberkörper oder mit dem Kopf annehmen.

Annahme
mit der Brust

Annahme
mit dem Fuß

Annahme
mit dem Oberschenkel

Diese Technik ist aber ganz schön schwierig und eher etwas für fortgeschrittene Spieler. Deshalb wollen wir das hier nicht ausführlich beschreiben.

Wichtig ist für dich als Anfänger:

Versuche, springende und fliegende Bälle so schnell wie möglich zu kontrollieren und wieder flach auf den Boden zu bekommen! Dann hast du es leichter und das Zusammenspiel klappt besser.

Probiere zu Hause

 Wirf den Ball hoch gegen eine Wand. Wenn der Ball zurückkommt, lass ihn auf den Oberschenkel fallen, zieh diesen nach hinten weg und lass den Ball somit weich landen wie mit der Innenseite. Der Ball wird vor dir liegen bleiben und ist spielbereit vor den Füßen.

 Schwieriger ist es, wenn du den Ball mit dem Vollspann herunterholst oder mit der Brust und dem Kopf vorstoppst. Danach kannst du ihn bei schneller Kontrolle am Boden mit den Füßen weiterspielen.

![Drei Jungen stehen Arm in Arm auf einem Fußballplatz]

Fußballspielen mit Freunden ist das Größte!

Beim gemeinsamen Üben werdet ihr viel Spaß haben. Denkt euch Wettbewerbe aus und bildet Mannschaften. Gute Fußballfreunde helfen einander und weisen sich beim Üben gegenseitig auf Fehler hin.

..................11 JETZT WIRD GESPIELT!

Um Fußball mit Freunden auf der Straße, dem Bolzplatz oder sonstwo zu spielen, werden nicht unbedingt zwei Mannschaften mit jeweils 11 Spielern, zwei Tore und ein Schiedsrichter gebraucht. Fußballspielen macht auch auf kleineren Spielfeldern mit kleineren Mannschaften riesigen Spaß. Außerdem hast du bei weniger Mitspielern viel mehr Möglichkeiten, deine Technik zu üben und dein fußballerisches Können zu verbessern. Genau dazu dienen unsere Spielanregungen auf den nächsten Seiten.

Gleichgültig, wie viele Mitspieler ihr seid, ob auf kleinem Platz und nur mit einem Tor – habt Spaß am Fußballspiel!

Zum Spielen sucht ihr euch einen geeigneten Platz und baut Tore auf. Achte darauf, dass bei den ersten verirrten Bällen keine Glasscheiben oder Tulpenbeete in Gefahr geraten. Meidet frisch geweißte Hauswände und geht auch nicht in die Nähe einer viel befahrenen Straße. Alles klar? Nun geht's los!

Schuss und Tor

Das Wichtigste ist, dass man den Ball möglichst genau und mit der richtigen Schärfe dorthin bekommt, wo er hin soll. Das ist das Tor, der Mitspieler oder manchmal auch das rettende Aus.

Das klappt natürlich nicht sofort. Du musst ein Gefühl für den Ball, die Richtung, die Entfernung und deine Schusskraft entwickeln. Auf den nächsten Seiten stehen Torschussübungen und Spielvarianten, die du allein oder mit Freunden nachspielen kannst. Die Stoßart ist erst einmal egal. Führe den Torschuss aus, wie du willst. Sicher wirst du bald merken, welche Stoßart in welcher Situation am erfolgreichsten ist. Wollt ihr die Regeln der Spiele ändern? Kein Problem. Spielt eure eigenen Varianten. Viel Spaß dabei!

Das Wichtigste ist, dass man den Ball möglichst genau und mit der entsprechenden Schärfe dorthin bekommt, wo er hin soll.

Übe deshalb Zielstöße auf Tore in unterschiedlicher Entfernung und unterschiedlicher Größe, mit unterschiedlichen Bällen, damit du herausfindest, welche Stoßart und wie viel Kraft du einsetzen musst.

Torschuss mit zwei Spielern

Baut zwei Tore im Abstand von etwa 15 m auf. Jedes Tor ist 5 m breit. Nun versucht, gegenseitig Tore zu erzielen. Die Stoßart bleibt euch überlassen.

Zielschießen

Baue ein Tor von etwa 1 m Breite auf, gehe vom Tor fünf Schritte weg und spiele mit der Innenseite durch das Tor.

Bei einem Torerfolg gehst du weitere fünf Schritte nach hinten. Immer, wenn du ein Tor erzielt hast, gehst du weitere fünf Schritte nach hinten. Steigere also den Schwierigkeitsgrad. Wie weit entfernst du dich und wie weit kannst du überhaupt noch mit der Innenseite treffen? Erfühle, wie viel Kraft du aufwenden musst. Wer schafft den Treffer aus der größten Entfernung mit der Innenseite?

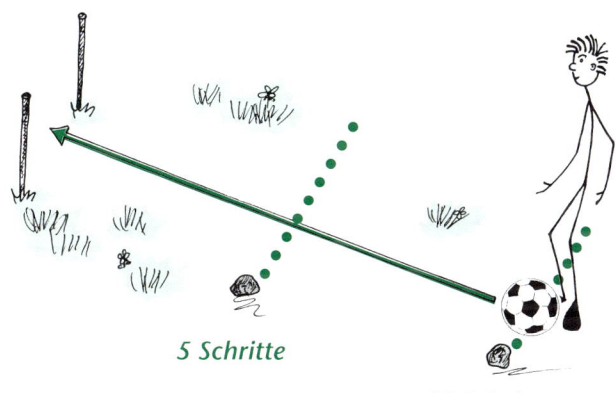

5 Schritte

10 Schritte

Weitschuss

Wer kann den Ball am weitesten schießen?
Ihr könnt messen, wo der Ball auftrifft oder wo er nach dem Ausrollen liegen bleibt.

Flugball

Versuche, mit dem Vollspann oder dem Innenspann aus 20 m Entfernung einen Flugball in ein normales Fußballtor zu schlagen. Wähle die Stoßart selbst und probiere, welche genauer ist. Als Treffer gilt nur, wenn der Ball im Flug die Torlinie überschreitet!

Ballvertreiben

Zur Entwicklung der Schusskraft und Schusstechnik kannst du mit einem Freund Ballvertreiben spielen. Über ein großes Fußballfeld oder eine lange Spielstraße wird eine neutrale Zone von ca. 30 m in der Mitte des Feldes abgesteckt.

Jeder Spieler hat hinter sich ein gleich großes Feld zu verteidigen. Der erste Spieler (per Los wird ermittelt, wer anfängt) schießt den ruhenden Ball, so weit wie es geht, in die gegnerische Hälfte. Der Auftreffpunkt des Balls ist die Abschussstelle des Gegenspielers, der wiederum versucht, seinen Ball so weit wie möglich zurückzuschlagen.

Sieger ist der Spieler, dessen Ball die hintere Verteidigungslinie (Grundlinie) seines Gegners zuerst überquert.

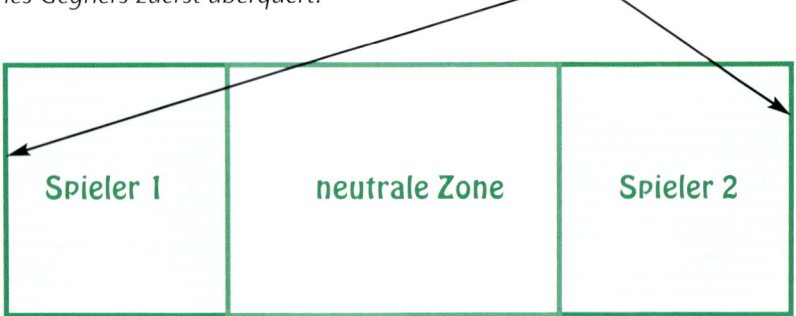

Herausschießen

Für dieses Spiel braucht ihr einen Ball, ein Tor und mindestens sechs Spieler. Alle stellen sich ins Tor und nur der Schütze legt sich den Ball in etwa 15 m Entfernung zurecht. Nun versucht der Schütze, ein Tor zu erzielen und wer den Ball ins Tor lässt, scheidet aus. Wird der Ball gehalten, geht der Schütze ins Tor und der am weitesten rechts stehende Spieler wird neuer Schütze. Wer am Ende übrig bleibt, hat gewonnen.

Elf ... Zwölf

Es gibt ein Tor und die Anzahl der Spieler ist beliebig. Der erste Spieler ruft: „Elf!", alle anderen tun's ihm nach und wer zuletzt übrig bleibt, wird Torwart. Jeder Feldspieler hat 11 Punkte und der Torwart 12.

Nun spielen sich die Feldspieler den Ball zu, wobei nach einem Ballkontakt abgegeben werden muss. Wer eine Torchance wittert, versucht den Torschuss. Wenn er trifft, erhält der Torwart einen Punkt Abzug. Wenn er nicht trifft, erhält der Schütze einen Punkt Abzug und geht ins Tor.

Ihr könnt bei Supertoren wie Kopfstoß oder Fallrückzieher auch mehr Punkte vergeben oder abziehen.

8   *Fußballtennis*

Spielt viel Fußballtennis! Statt mit einem Tennisschläger, spielt ihr den Ball mit dem Fuß oder dem Kopf über ein etwa 1 m hohes Netz oder eine Schnur. Versucht dabei, den Ball so lange wie möglich im Spiel zu halten.

Dieses Spiel ist gut, um das Ballgefühl zu entwickeln und fast alle Stoßarten werden abverlangt.

Elite

Elite bedeutet, der Beste wird ermittelt. Das ist ein ideales Spiel zum Training der Schusstechnik und Schussstärke.

An einer Mauer oder Wand wird ein etwa 5 – 7 m breites Tor aufgezeichnet. Eine beliebige Anzahl Spieler stellt sich an einer Linie etwa 7 m entfernt auf. Der erste Spieler schießt den Ball gegen die Mauer ins Tor. Der nächste Spieler muss den zurückprallenden Ball aufnehmen und gleich wieder in Richtung Tor zurückspielen. Wer den Ball verfehlt oder nicht ins Tor trifft, scheidet aus.

Versucht, so zu schießen, dass es der nachfolgende Spieler sehr schwer hat, den Ball zurückzuschießen.

Spiel mit Mannschaften

Am besten ist es, wenn ihr zwei Mannschaften bildet, die gegeneinander spielen. Weil sich immer unterschiedlich viele Freunde zum Spiel zusammen-finden, könnt ihr verschiedene Spielvarianten ausprobieren.

Hier sind einige Ideen:

Bei zwei Spielern

Jeder baut sich ein Tor auf. Im Spiel gegeneinander wird versucht, Tore zu erzielen und gleichzeitig das eigene Tor zu verteidigen.

Bei drei Spielern

Es gibt ein Tor, das von einem Torwart bewacht wird. Die anderen beiden spielen auf dieses Tor. Wer ein Tor erzielt, wird Torwart.

Bei vier Spielern

Zwei Spieler sind jeweils in einer Mannschaft. Sie spielen gegeneinander auf zwei kleine Tore.

Bei fünf Spielern

Es gibt ein Tor, das von einem Torhüter bewacht wird. In jeder Mannschaft sind zwei Spieler, die auf das eine Tor spielen.

Bei sechs Spielern

Jede Mannschaft besteht aus drei Spielern, die gegeneinander auf zwei Tore spielen. Der Ball darf nicht mit der Hand gehalten werden. Der letzte Mann ist der Torwart.

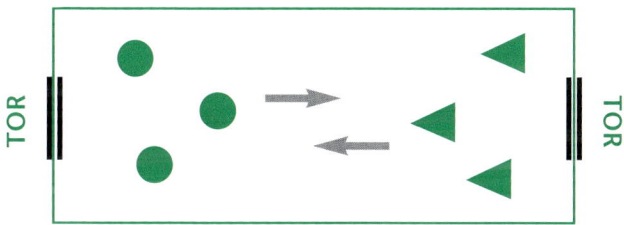

Bei sieben Spielern

Es sind 3:3, die gegeneinander auf ein Tor spielen. Dieses wird von einem Torhüter bewacht.

Und wie könntet ihr mit acht Spielern spielen?

_____

_____

Einige Tipps!

- *Die Regeln der Spiele legt ihr selbst fest. Ihr entscheidet, wie gespielt wird und was euch Spaß macht.*

- *Meterangaben müssen natürlich nicht genau nachge-messen werden. Ein Riesenschritt oder zwei Mini schritte sind etwa 1 m!*

- *Wollt ihr Mannschaften festlegen, dann bestimmt zwei Spielführer. Diese wählen dann abwechselnd die Mit-spieler.*

Wer beginnt mit dem Wählen?

„Kaffeebohnen" sind Schritte, bei denen man immer die Ferse an die Fußspitze setzt. So gehen beide aufeinander zu.

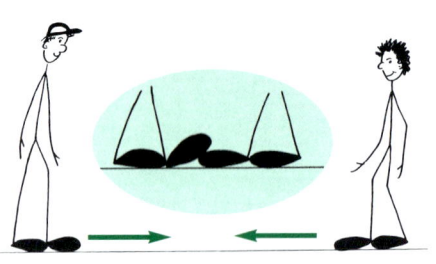

Wer zuerst dem anderen auf den Fuß tritt, darf anfangen.

„Eine kleine Mickymaus zieht sich die Hose aus, zieht sie wieder an und du bist dran!"

••••••••••••••••••••••12 SPIELEN IM VEREIN

Irgendwann spürst du, dass das Spielen auf dem Bolzplatz oder der Wiese hinter dem Haus dir nicht mehr reicht! Dann ist es an der Zeit, sich bei einem Verein anzumelden. Dort kannst du in einer Mannschaft spielen, am Spielbetrieb teilnehmen und richtige Wettkämpfe bestreiten.

Wie kommst du in einen Verein?

 Sprich mit deinen Eltern, ob sie einverstanden sind. Wenn ja, dann sucht einen Fußball- oder Sportverein in deinem Ort oder deiner Wohnumgebung.

 Meistens haben die Sportvereine Infotafeln oder Schaukästen, wo Telefonnummern oder Trainingszeiten veröffentlicht sind.

Vereinbart einen Termin für das Probetraining. Dort kannst du in Ruhe schauen, wie alles abläuft. Du lernst die Trainer und die anderen Kinder kennen und siehst, wie trainiert wird. Natürlich ist erst einmal alles neu und fremd. Das ist ganz normal!

Meistens wird gefragt, wie alt du bist und in welche Altersklasse du gehörst. Danach richtet sich die Einordnung in eine Mannschaft des Vereins. Das hängt von deinem Geburtsjahr ab, nicht von deiner Schulklasse!

Die Altersklassen des DFB

Alter	Bezeichnung der Mannschaft
5 – 6 Jahre	G-Jugend (Bambinis)
7 – 8 Jahre	F-Jugend
9 – 10 Jahre	E-Jugend
11 – 12 Jahre	D-Jugend
13 – 14 Jahre	C-Jugend
15 – 16 Jahre	B-Jugend

Normalerweise spielen die Mädchen bis zur D-Jugend in einer Mannschaft mit den Jungen. Ab der C-Jugend gibt es eigene Mädchenteams.

Nun spielst du bei einem Verein deiner Wahl vor oder nimmst probeweise am Training teil. Deine Eltern oder Großeltern sollten dich begleiten. Nimm Sportsachen, Turn- oder Fußballschuhe mit.

Wenn es dir gefällt und der Trainer sagt, dass du geeignet bist zum Fußballspielen, dann solltest du dich anmelden. Du wirst Mitglied im Verein und erhältst einen Mitgliedsausweis.

Mein erster Fußballverein

Name des Vereins: _____

Eintrittsdatum: _____

Meine Trainer: _____

Meine Mannschaft:
(Namen, Unterschriften)

Unsere Farben: _____

Unser Logo:

Trage hier die Spielergebnisse ein!

Gegner	Ergebnis

Was muss ein Vereins- und Mannschaftsmitglied tun?

- Monatlich einen Mitgliedsbeitrag zahlen.
- Die Trikots und die Kleidung vom Verein ordentlich behandeln.
- Fußballschuhe zulegen.
- Schienbeinschützer tragen.

Was muss der Verein tun?

• Die Sportler gegen Sportunfälle und Verletzungen versichern.
• Den Trainings- und Spielbetrieb organisieren.
• Dem Mitglied einen Spielerpass ausstellen.
• Die Spielkleidung besorgen und eventuell auch waschen.
• Die Fahrten zu den Spielen organisieren.
• Im Verein gibt es Trainer und Betreuer.

Kann ich den Verein auch wieder verlassen oder zu einem anderen wechseln?

Willst du aus dem Verein austreten oder zu einem anderen Verein wechseln, dann melde dich schriftlich ab. Manchmal gibt es auch eine Wechselsperre.

Muss ich immer zum Training gehen?

• Pünktlichkeit und Regelmäßigkeit sind wichtige Regeln im Sport. Sonlernst du ja nichts!
• Wenn du mal nicht zum Training gehen kannst, entschuldige dich beim Trainer oder Betreuer.
• Schularbeiten gehen vor Training.

Wie kann ich mich als Fußballer weiterentwickeln?

Du hast ja schon im Gespräch mit Ulf Kirsten gelesen, wie bei ihm der Weg vom Kinderspieler bis zum Torjäger der Bundesliga verlief. Willst auch du mehr erreichen, könnte deine Entwicklung so verlaufen:

- Ab C-Jugend oder D-Jugend in einen höherklassigen Verein wechseln.
- Wenn du gut bist, kommst du vielleicht in eine Kreisauswahl (ab 10 Jahren).
- Ab ca. 12 Jahren ist ein Training in einem DFB-Stützpunkt möglich.
- Sichtung für die Bezirksauswahl (ab etwa 12 Jahren).
- Sichtung für die Landesauswahl (ab etwa 13/14 Jahren).
- Sichtung für die DFB-Auswahl (ab 15 Jahren).
- Mit einem Wechsel zu einem Bundesligaverein hast du die besten Fördermöglichkeiten.
- Es gibt auch Schulen, in denen die Schüler neben dem normalen Unterricht verstärkten Sport- und Fußballunterricht erhalten (z. B. Sportgymnasien).

........13 KLEINES FUßBALLWÖRTERBUCH

Aus	Der Ball ging über eine der Seitenlinien. Einwurf.
Auswechslung	Ein Spieler verlässt das Feld, ein anderer kommt.
Ballgefühl	Das Gefühl des Spielers für den Ball und seine Bewegungen.
Coach	Englisches Wort für Trainer.
Decken	Den Gegner durch geschicktes Stellungsspiel am Ballbesitz hindern, eine Form der Abwehrtaktik.
Dribbling	Umspielen eines Gegners mit dem Ball am Fuß.
Effet	Bogenförmige Flugbahn des Balls mit Drall/Dreh.
Elfmeterschießen	Ermittlung eines Siegers in Endspielen nach Unentschieden oder Verlängerung.
Englische Woche	Punktspielrhythmus mit zwei Spielen in einer Woche (z. B. Mittwoch/Samstag) nach dem Vorbild der englischen Liga.
Fan	Anhänger eines Vereins.
Finte	Täuschung des Gegners.
Foul	Unerlaubte Handlung gegenüber dem Gegenspieler, die mit Freistoß geahndet wird.
Freistoß	Spielfortsetzung nach Foulspiel.
Gelbe Karte	Strafe für einen Spieler, der regelwidrig handelt.
Halbzeit	Zeitliches Maß für eine Hälfte eines Spiels.
Hattrick	Drei Tore in einer Halbzeit durch den gleichen Spieler.
Hooligan	Randalierer, haben beim Fußball nichts zu suchen.
Indirekter Freistoß	Der Ball muss auf dem Weg ins Tor von einem anderen Spieler berührt werden.
Jonglieren	Den Ball ohne Bodenkontakt in der Luft halten.
Kondition	Bezeichnung für den körperlichen Zustand eines Spielers, um fit und ausdauernd ein ganzes Spiel zu bewältigen.

Länderspiel .... Internationaler Wettkampf zwischen zwei Aus-
wahlmannschaften.

Mauer .... Die Spieler stellen sich als Abwehrblock vor ihr Tor,
um einem gegnerischen Freistoß den Weg ins
Tor zu erschweren.

Nationalmannschaft .... Auswahlmannschaft eines Landes.

Offensive .... Das dauerhafte Angriffsbemühen einer Mannschaft.

Pass .... Ein anderes Wort für Zuspiel.

Profi .... Einer, der sein Geld mit Fußballspielen verdient.

Querpass .... Zuspielform parallel zu den Torlinien eines Feldes.

Rote Karte .... Die höchste Strafe für einen Spieler, Ausschluss
vom Spiel.

Schwalbe .... Sich auf den Boden fallen lassen, ohne dass ein
Gegner foul gespielt hat, um den Schiedsrichter zu
täuschen, damit er einen Freistoß oder Elfmeter gibt.

Tackling .... Regelgerechtes Ballabnehmen bzw. Trennung des
Gegners vom Ball.

Taktik .... Plan oder Marschroute zum Besiegen des Gegners.

Technik .... Art und Weise der Ballbeherrschung und
Ballbehandlung.

Tor .... Gehäuse, in das der Ball gezielt wird und
Gleichzeitig zählbares Ergebnis eines Spiels.

Unentschieden .... Beide Mannschaften haben gleich viele Tore
geschossen.

Verlängerung .... Wird bei Entscheidungsspielen (Finals) angewendet,
um einen Sieger zu ermitteln. Es wird länger gespielt
als normal.

Wettkampf .... Sportlicher Leistungsvergleich zweier Mannschaften.

Zweikampf .... Auseinandersetzung mit einem Gegenspieler um den Ball.

Hier kannst du Begriffe eintragen, die du dir merken willst!

··························14 AUFLÖSUNGEN

S. 17   14 Lederbälle sind versteckt.

S. 18   Augen, Mund, Mützenband, Falten an der Mütze, Ball gedreht, Hosentasche, Hosenbund, linker Ärmelabschluss, linker Schnürsenkel, rechter Strumpf.

S. 32   Nummer 3 trifft ins Tor.
         Nummer 3 und 5 sind gleich.

S. 33   Produkte, die der Fußballer nicht essen soll.

S. 41   Das ist ein Eckball.
         Teil Nr. 3 gehört in die Lücke.

S. 48   1 Den Ball dem Gegner wegspitzeln, ist *erlaubt*.
         2 In die Beine treten und ein Bein stellen, ist *verboten*.

S. 49   3 Dem Gegner mit dem Ellbogen ins Gesicht stoßen, ist *verboten*.
         4 Den Gegner am Körper oder an der Kleidung festhalten, ist
            verboten.
         5 Das Bein ist zu hoch (gefährliches Spiel). Das ist *verboten*.
         6 Rempeln und drängeln ist *erlaubt*.

S. 50   Das Mädchen spielt den Ball mit dem Arm. Das ist Handspiel.
         1 Freistoß
         2 Verwarnung (gelbe Karte) oder Feldverweis (rote Karte)
         3 Spiel weiter – Vorteil

S. 65   Der Ball fliegt nach unten.

S. 68   1 Die Fußspitze des Standbeins steht nicht in Spielrichtung.

2 Der Oberkörper ist nicht über den Ball gebeugt, sondern lehnt zu weit nach hinten.

3 Das Fußgelenk des Spielbeins ist nicht fest und der Fuß nach unten abgeknickt.

S. 73   1 Der Oberkörper ist zu weit nach hinten gelehnt.

2 Die Spielerin kickt den Ball mit der Fußspitze statt mit dem Spann.

3 Das Standbein ist zu weit vom Ball entfernt.

S. 79   1 Wenn der Ball kommt, geht der Körper in Bogenspannung! Nicht nach vorn beugen.

2 Der Spieler macht beim Kopfstoß die Augen zu.

3 Der Ball muss mit der Stirn, nicht mit dem Oberkopf getroffen werden

S. 88

1 KARTE
2 EINWURF
3 ELFMETER
4 PFEIFE
5 ECKSTOß
6 RUDI

S. 113   Seit ihr acht Mitspieler, dann bildet zwei Mannschaften mit je weils vier Spielern. Spielt gegeneinander auf zwei Tore. Entscheidet selbst, ob einer davon ein fester Torwart ist.

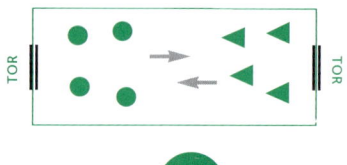

•••••••••••••••••••••••••••15 AUF EIN WORT

Liebe Fußballereltern,

können Sie sich noch erinnern, wann Ihr kleiner Sohn oder Ihre kleine Tochter das erste Mal hinter einem Ball hergelaufen ist und Fußball spielen wollte? Sicher werden Sie jetzt sagen: Sobald mein Kind laufen konnte!

Was ist das für eine Faszination, die so viele Menschen in aller Welt, junge, alte, Männer, Frauen und Kinder Fußball spielen lässt? Und noch viel mehr gehen regelmäßig ins Stadion, zum Fußballplatz des Heimatvereins oder sitzen gebannt vorm Fernseher. Es ist sicher die Mischung aus Mannschaftsspiel und Einzelstars, aus raffinierten Dribblings, geschickten Hebern, attraktiven Toren und cleverer Taktik.

Auch ihr Kind interessiert sich für diese überaus populäre Sportart oder hat sich vielleicht schon entschieden, in einem Verein zu spielen. Schön, dass Sie diesen Wunsch unterstützen.

Fußball zeichnet sich durch große Bewegungsvielfalt aus, stellt hohe Ansprüche an die Technik, die Ausdauer, die Geschicklichkeit, fördert die Konzentration und das schnelle Entscheiden. Ihr Kind ist in einer sozialen Gemeinschaft und erfährt die Besonderheiten des Mannschaftsspiels, des Zweikampfs sowie die Bedeutung des Einzelspielers. Es lernt, sich durchzusetzen und bei Spielen mit Erfolg und Misserfolg umzugehen. Auch Eigenverantwortung will gelernt sein. Nach und nach kümmern sich die Spieler selbst um die Pflege ihrer Schuhe sowie um die Vollständigkeit der Ausrüstung und achten auf Pünktlichkeit und Regelmäßigkeit bei Training und Wettkampf.

Bestärken Sie also Ihr Kind beim Erlernen des Fußballspielens, beim Üben und Trainieren.

In der Anfangszeit überwiegt bei unseren kleinen Kickern selbstverständlich die Freude am Spiel, an der Bewegung und am Toreschießen. Das erfordert natürlich auch einige technische Grundlagen, diese dürfen aber hier noch nicht zu sehr im Vordergrund stehen. Die Kinder sollen spielen, Freude haben und dabei ihr Können entwickeln.

Das ist auch das Anliegen unseres Buches. Neben der Erklärung notwendiger technischer Grundlagen und Fußballregeln erfahren die Fußballkinder jede Menge rund um das Fußballspiel. Sie haben die Möglichkeit, sich aktiv mit ihrer Lieblingssportart zu beschäftigen. Die Vorschulkinder und Leseanfänger brauchen auf jeden Fall noch die Unterstützung der Eltern beim Lesen und bei den Eintragungen.

Aua, aua!
Ich will bestimmt
nie wieder
daneben schießen!

Helfen Sie, aber mit Umsicht!

Stellen Sie nicht zu hohe Erwartungen an Ihr Kind. Das Wichtigste ist die Freude am Sport und am Spiel. Übertriebener Ehrgeiz wäre nur schädlich. Vergleichen Sie es nicht mit Gleichaltrigen, denn die biologische Entwicklung kann gerade in diesem Alter noch sehr unterschiedlich sein. Orientieren Sie sich bitte an Ihrem eigenen Kind und loben Sie seine Fortschritte. Ihr Kind wird es Ihnen danken.

Die Unterstützung durch die Fußballereltern

Besonders im Fußball ist die Unterstützung der Eltern gefragt. Oder kennen Sie nicht den Stapel schmutziger Trikots und Hosen, die lautstark spielenden Kinder vor Ihrem Haus oder den dringenden Wunsch nach echten Fußball-schuhen oder einem richtigen Fußball? Doch sobald das Kind im Verein trainiert, wird das Wochenende der Familie durch den Fußballalltag bestimmt. Steht Samstag oder Sonntag ein Spiel an, dann frühstückt die Familie nach Wecker, die Eltern sind Kraftfahrer für einen Teil der Mannschaft und die Geschwister wollen zum Anfeuern mitfahren. Der Sonntagsbraten muss warten, bis Abpfiff ist und Ausflüge und Omabesuche werden nur an spielfreien Tagen geplant.

Doch was gibt es Schöneres, als seinen kleinen, matschverschmierten und schwitzenden Kicker zu sehen, der sich unbändig über sein erstes Tor freut. Oder, wie viel Vertrauen und Innigkeit erleben Eltern und Kinder, wenn wegen einer Niederlage oder Einwechslung getröstet werden muss. Freuen Sie sich, dass Ihr Kind regelmäßig Sport treibt. Gleichgültig, ob aus Ihrem Mini-Kicker mal ein Profifußballer wird oder ob er ‚nur' Spaß am Spiel und der Gemeinschaft hat.

Und noch etwas:
Zurufe durch die Eltern im Spiel sind für die Kinder nur irritierend. Die Kinder sollen selbst entscheiden und für spieltechnische Hinweise sowie die Einwechslungen ist der Trainer zuständig.

Der Papa – unser Trainer

Nicht nur daheim und auf dem Bolzplatz vor dem Haus sind die ersten Trainer oft die eigenen Väter oder großen Brüder.

Im Verein sind sie oft die Übungsleiter, die unseren Bambinis das Fußball-Einmaleins beibringen. Man erinnert sich an das eigene Training und versucht, aus dem wilden Haufen eine Mannschaft zu bilden.

Auch alle engagierten Laientrainer erhalten in diesem Buch zahlreiche Anregungen für das regelmäßige Training mit ihren Schützlingen.

Lieber Fußballtrainer,

wer kennt nicht das herrliche Bild, wenn die kleinen Fußballsteppkes als Anfänger hinter dem Ball herjagen! Ungeordnet, ungestüm, wie ein Bienenschwarm sind sie auf den Ball fixiert. Die Knirpse treiben die Kugel und irgendwann landet sie im Tor. Meistens ist es der Schnellste von ihnen, der auf und davon eilt und das Leder kurzerhand ins Tor bugsiert. Ein herrlich urwüchsiges Bild aus den immer wiederkehrenden Anfängen des Fußballspielens auf Trainings- und Bolzplätzen.

Früher, zu Zeiten des Straßenfußballs, gab es solche Erscheinungen nicht. Das „Alle hinter dem Ball her" wurde unterdrückt durch die Reife der älteren und erfahreneren Spieler im heterogen zusammengesetzten Straßenteam. Sie leiteten die jungen und unerfahrenen Spieler an, stellten sie auf eine ihrem Talentgrad angemessene Position und wer es nicht kapierte, wurde kritisiert und im schlimmsten Falle ausgeschlossen oder nicht wieder gewählt.

Im heutigen Vereinstraining, wo solche heterogenen Mannschaften nicht mehr existieren, sind alle Kinder im Wesentlichen gleich alt und somit mehr oder weniger alle auf einmal Anfänger oder Neulinge.

Schon ab dem 5./6. Lebensjahr werden inzwischen Bambini-Teams in einer eigenen Liga zugelassen, bilden sich in den Vereinen mit G- oder F-Junioren altersklassenreine Fußballmannschaften. Ein Trainer, meist ein Vater oder älteres Geschwisterkind eines Bambinis, versucht nun, aus dem ballfixierten Bienenschwarm eine geordnete, zusammenspielende Mannschaft zu formieren.

Wie bringe ich den quirligen Kickern das Spielen bei?

Die Kleinen wollen spielen und Erfolgserlebnisse haben. Das geht aber nur mit vielen Ballkontakten und Torschüssen.

Im Spiel 11:11 auf viel zu großem Feld dominieren immer nur die Schnellen und Kräftigen. Die Kleinen und Zarten haben kaum Ballkontakte, die

Torhüter und Abwehrspieler der überlegenen Mannschaft stehen hinten herum, den Ball berühren sie so gut wie nicht. So finden sie keinen richtigen Gefallen an dem Spiel, das doch aber im Fernsehen so faszinierend aussieht.

Deshalb, nutzen Sie Spielideen, die wir im Buch vorgestellt haben:

Spielen Sie auf kleinerem Spielfeld und mit verkleinerten Mannschaften.

- Die Kinder wollen im Fußballspiel ihrer Spielfreude, ihrem angeborenen Spieltrieb freien Lauf lassen können, so wie es im Straßenfußball funktionierte. Man traf sich zum Bolzen und aus Freude am Spiel auf der Straße.

- Die Kinder haben einen natürlichen Bewegungsdrang mit vielen, mitunter sehr ausladenden Bewegungen, schnellen, manchmal sehr unkoordinierten Handlungen. Auch diese genetisch angelegten Muster sollte und darf man nicht unterbinden.

- Die Kinder spielen Fußball, um ihre Kräfte mit anderen zu messen. Sie wollen sich prüfen, ermitteln den Stärksten, Schnellsten, Geschicktesten, den besten Techniker, Torschützen und Torhüter.

- Die Kinder treten gern in den Wettbewerb mit anderen. Immer wollen sie möglichst exakt messbare Ergebnisse im Wettstreit miteinander haben. Dabei geht es um Sieg und Niederlage, nur selten sind sie mit einem Unentschieden zufrieden.

- Die Kinder wollen Freude und Spaß am Fußballspielen. Alles sollte in entspannter Atmosphäre stattfinden. Kein Stress, kein Zwang, sondern das herrliche Erlebnis des Sieges in der Gruppe, aber auch das Erlebnis der Bitternis einer Niederlage. Erfolgserlebnisse und verarbeitete Misserfolge bringen Kinder voran.

• Die Kinder brauchen das freie Spiel. Keine taktischen Zwänge („Du spielst letzten Mann und dort bleibst du!"), keine kollektiven Anordnungen („Wir spielen auf Abseits!") Sie sollen ihr Spiel selbst gestalten, kreativ, je nach Talent und Vermögen.

• Den Kindern soll sich die Spielidee des großen Spiels von selbst erschließen. Sie lernen durch Versuch und Irrtum, nicht durch Drill und lautstarke Anweisungen von außen. Sie lernen durch Ausprobieren, Wiederholen, Nachahmen, Handeln und Vergleichen, Verwerfen und Speichern.

Kurzum: Sie lernen das Spiel durch Spielen!

Was einen guten Kindertrainer ausmacht

Jedes von diesen Kindern ist anders. Da gibt es die Fleißigen und die nicht so Fleißigen, die Talentierten und die nicht so Talentierten, die Frühreifen und die Nachzügler.

Jedes dieser Kind ist eine eigene kleine Persönlichkeit mit ganz individuellen Voraussetzungen und eigener Entwicklungsgeschichte, mit Wünschen und Hoffnungen, mit Befindlichkeiten und Nöten. Allen gleichermaßen gilt unsere Aufmerksamkeit, unsere Fürsorge und Liebe.

Je besser sich ein Fußballtrainer in seine Fußballkinder hineinversetzen, mit ihnen mitfühlen, auf sie zugehen und sie begeistern kann, desto größer wird seine Wirkung sein. Er muss die Kinder anspornen und ihnen zuhören, sich in sie hineinversetzen, loben und trösten – eben ein Herz für Kinder haben. Er muss auch mal einen Heißsporn bremsen oder tadeln, aber immer mit Achtung vor der kleinen Persönlichkeit.

Ansporn, Lob, Trost und Aufmunterung für jeden.

Gutes Demonstrationsvermögen.

Fachliches Wissen und organisatorische Fähigkeiten.

Lösungen für ihre Probleme

Ein Herz für Kinder.

Die Fähigkeit, Spaß und Freude am Sport zu vermitteln.

Geschick im Umgang mit Kindern.

Kenntnisse über körperliche Besonderheiten und Entwicklungsetappen der Kinder.

Guten Kontakt zu den Eltern.

Der Nutzen dieses kleinen Buches

Der Nutzen wird ganz wesentlich davon abhängen, wie Sie es in die Ausbildung mit einbeziehen. Es ist speziell für Kinder geschrieben, die sich im Anfängertraining befinden oder daheim üben. Es kann aber ebenso gut Eltern empfohlen werden, die ihr Kind auf diesem Weg begleiten möchten.

In den meisten Anleitungen und Büchern zum Fußball werden die eigentlichen Akteure, nämlich die Fußballer selbst, nur unzureichend berücksichtigt, obwohl sie doch gerade das Wichtigste im Lehr- und Lernprozess sind. Ein Fußballer – und mag er noch so jung und gänzlich Anfänger sein – ist immer Subjekt seiner eigenen Entwicklung, niemals nur Objekt unserer Beeinflussung. Geben Sie ihnen also genügend Hinweise und Möglichkeiten für ihre eigene Entfaltung. Fördern und nutzen Sie die Selbstständigkeit Ihrer kleinen Kicker. Gehen Sie den Weg vom Anweisen zum Anregen. Fußballanfänger sollen und müssen nicht, sondern sie können und dürfen.

Das Buch orientiert sich an den Bedürfnissen der Kinder und soll ihnen helfen, sich auch außerhalb Spielfeldes mit Fußball zu beschäftigen. Anhand der Darstellungen und Beschreibungen der wichtigsten Techniken im Buch erwirbt das Kind eine möglichst vollständige Orientierungsgrundlage für das Üben. Es wird Ihren Erklärungen und Demonstrationen besser folgen können. Die Nachwuchsfußballer können Erlerntes in Ruhe nachlesen und erhalten Anregungen für das Üben zu Hause und mit anderen Kindern. Dadurch wird die Fähigkeit zum selbstständigen Handeln entwickelt und der Lernprozess beschleunigt.

Es werden Voraussetzungen geschaffen, dass die Kinder selbst schrittweise über ihr Üben und Lernen nachdenken, ihre Bewegungen, Handlungen und letztlich ihr Verhalten kontrollieren und bewerten. Sie werden zum Partner des Trainers. Wir möchten, dass die Kinder gern zum Fußballtraining kommen und mit Erfolgserlebnissen nach Hause gehen. So hat natürlich auch der Trainer Freude an den Übungsstunden.

Abschließend zu diesen Hinweisen geben wir Ihnen einige Empfehlungen zur Nutzung des Buches in Ihrer Arbeit als Fußballtrainer:

- Sagen Sie den Kindern, dass dieses Buch ihr persönlicher Begleiter beim Erlernen des Fußballspiels ist. Geben Sie ihnen das Logo des Vereins und machen Sie ein Gruppenfoto zum Einkleben in das Buch. Das erhöht das Bindungsverhalten zu Ihnen und zum Verein.

- Helfen Sie den Kindern, mit dem Buch richtig umzugehen. Lesen Sie am Anfang Abschnitte gemeinsam und erklären Sie den Kindern, wie die Bilder und Zeichnungen zu betrachten und zu verstehen sind. Sie schaffen bei den Kindern damit wichtige Orientierungshilfen zum Verstehen und zum selbstständigen Üben.

- Lassen Sie Übungsstoff nacharbeiten. Neue Techniken oder Handlungen werden durch Sie in den Trainingsstunden demonstriert, erklärt und geübt. Dann kommt die Aufgabe: „Seht euch die Technik zu Hause noch einmal in Ruhe an. Wer möchte, kann sie in der nächsten Übungsstunde den anderen erklären und zeigen."

- Wir haben uns um eine kind- und altersgemäße Sprache bemüht und, wenn es möglich war, um bildhafte Erläuterungen. Wenn Sie ähnliche oder gleiche Formulierungen benutzen, sichern Sie für die Übungsgruppe eine gemeinsame Verständigungsbasis und die Erklärungen und Korrekturen in den Übungsstunden können stark verkürzt werden. Es bleibt mehr Zeit zum praktischen Üben.

Für kritische Hinweise und Ergänzungen werden wir jederzeit offen sein.

Wir wünschen viel paß und Freude und natürlich auch sportliche Erfolge mit Ihren kleinen Schützlingen.

LITERATURHINWEISE

Albeck, T. & Zöller, H. (1996). Kindgerechtes Fußballtraining. Stuttgart.

Ballinger, E. (1997). Tooor! – Alles was du über Fußball wissen willst. Wien.

Bauer, G. (1998). Fußballtechnik heute. München.

Jäger, K. & Oelschlägel, G. (1974). Kleine Trainingslehre. Berlin .

Krebs, J. (1994). Spaß am Fußball. Nürnberg.

Magnusek, G. Fußballfibel. Wien.

Rogalski, N. & Degel, E.-G. (1982). Fußball. Berlin.

Deutscher Fußball-Bund (1999). Talente fordern und fördern – Lernkonzeption für das Stützpunkttraning. Münster.

Bildnachweis:

Titelgestaltung: Birgit Engelen, Stolberg
Zeichnungen: Katrin Barth
Titelfoto: Sportpressephoto Bongarts, Hamburg
Fotos (Innenteil): Bayer 04 Leverkusen, Gerd Schumacher,
        Kerstin Dischereit, Birgit Küspert, TV Rheinbach,
        Siegfried Zebisch

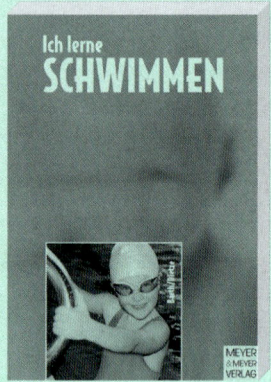